Für Tobi,
meine Eltern und meine Schwester.

Stephanie Babiel

Remote Leadership

Mitarbeitende im
Homeoffice führen

Bibliografische Information der Deutschen Nationalbibliothek:
Die Deutsche Nationalbibliothek verzeichnet diese Publikation
in der Deutschen Nationalbibliografie; detaillierte
bibliografische Daten sind im Internet über
http://dnb.dnb.de abrufbar.

© 2021 Profil M Beratung für Human Resources Management
GmbH und Co. KG, Wermelskirchen
Satz und Layout: Sven Aufenvenne
Herausgegeben von: Profil M Beratung für Human Resources
Management GmbH und Co. KG, Wermelskirchen

Herstellung und Verlag: BoD – Books on Demand, Norderstedt

ISBN: 978-3-7534-7767-1

Vorwort

Die Coronakrise wird vermutlich – neben den vielen schlimmen Konsequenzen in fast allen Ländern der Welt – als einer der größten Digitalisierungsbeschleuniger in die Geschichtsbücher eingehen. Führung auf Distanz war in vielen Unternehmen auch vorher schon ein Thema, vor allem in dezentralen Organisationen oder Flächenstrukturen (wie z. B. im Außendienst). Aber durch die Coronakrise hat die Notwendigkeit der Führung auf Distanz plötzlich Funktionsbereiche und Teams getroffen, die niemals damit gerechnet hätten, sich nur noch virtuell treffen zu können und die vom Mindset her auch nicht darauf vorbereitet waren. Anstelle des gemeinsamen Kaffees und des persönlich-vertraulichen Gespräches am Ecktisch ist nun das Online-Meeting getreten. Das Verblüffende dabei ist, wie schnell wir uns daran gewöhnt haben und wie wenig sich viele Menschen eine „volle Rolle rückwärts" nach der Krise wünschen. Die Zukunft hält vermutlich eine Mischung für uns bereit: Zielorientierte Arbeitsmeetings werden virtuell bleiben, das persönliche Treffen wird aufgewertet werden und für besondere Anlässe und Gespräche reserviert sein.

Wer hätte im Jahr 2019 gedacht, dass es plötzlich funktionierende Teams gibt, in denen sich Führungskraft und Mitarbeitende schon über ein Jahr überhaupt nicht mehr persönlich getroffen haben? Die Schnelligkeit, mit der wir uns umgewöhnen mussten, hat vielen Führungskräften nicht viel Zeit dafür gegeben, eigene Führungskonzepte und -philosophien anzupassen – das musste von heute auf morgen passieren.

Stephanie Babiel gebührt das Verdienst, sich von Anfang an intensiv damit auseinandergesetzt zu haben, wie Führung unter den neuen Bedingungen erfolgreich gelebt werden kann. Eine saubere Recherche, eine psychologisch schlüssige Herleitung der Empfehlungen und ein sehr praxisorientierter und konkreter Blick auf das, was zu tun ist, machen dieses Buch aus. Darüber hinaus profitiert dieses Buch von den vielen Trainings, die Stephanie Babiel mit Führungskräften zu „Remote Leadership" durchgeführt hat und in denen man sehr gut versteht, welche Herausforderungen und Unsicherheiten die Teilnehmenden bewegen. Anfangs war dieses Buch nur als kleine Artikelserie geplant. Ich habe den ersten Entwurf mit dem größten Vergnügen gelesen und war sofort davon überzeugt, dass die Inhalte das Zeug zu einem Buch haben und unbedingt in dieser etwas umfassenderen Form veröffentlicht werden müssen. Ich wünsche allen Leserinnen und Lesern, von den Überlegungen und Hinweisen für die eigene Führungspraxis profitieren zu können.

Michael Paschen

Managing Director
Profil M Beratung für
Human Resources Management
GmbH und Co. KG

Inhaltsverzeichnis

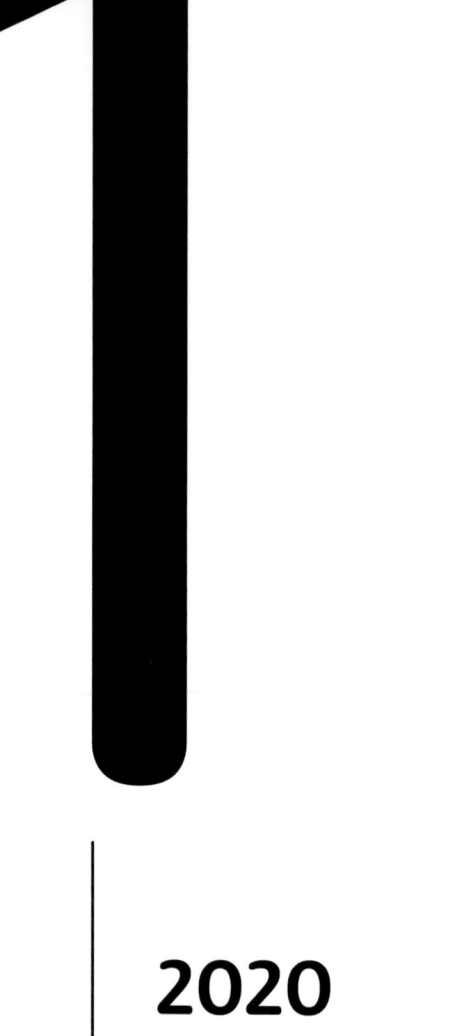

1

2020
Und es hat
Zoom gemacht

Was für viele Unternehmen lange Zeit undenkbar oder ferne Zukunftsmusik war, wurde im Frühjahr 2020 sowie in den darauffolgenden Monaten plötzlich flächendeckend zur Realität. Die Rede ist von Remote-Arbeit bzw. ganz konkret von Homeoffice-Arbeit. Bedingt durch die Coronapandemie und den damit einhergehenden bundesweiten Lockdown mussten im März 2020 viele Beschäftigte ihren Arbeitsplatz quasi über Nacht in die eigenen vier Wände verlegen, um Kontakte und damit auch das Infektionsgeschehen einzuschränken. Die Folge: ein erzwungenermaßen groß angelegtes Homeoffice-Pilotprojekt. Dieses Pilotprojekt fand zweifelsohne in einer allgemeinen Ausnahmesituation statt, was nicht zu vernachlässigen ist und an dieser Stelle einmal klar vorweggestellt bzw. ausgesprochen sei. Dennoch können sowohl Mitarbeitende als auch Führungskräfte aus dieser Zeit viel über die (Zusammen-)Arbeit auf Distanz lernen. Sie alle haben in den letzten Monaten erfahren können, welche Chancen einerseits und welche Herausforderungen andererseits die (Zusammen-)Arbeit aus dem Homeoffice heraus mit sich bringt. Nun gilt es, die positiven Aspekte des Homeoffice für die Zukunft fruchtbar zu machen, ohne die negativen zu übergehen. Und genau das ist die Absicht dieses Buches.

Mit dem Ziel, erfolgreiche (Zusammen-)Arbeit aus dem Homeoffice heraus zu ermöglichen bzw. zu fördern, richtet sich dieses Buch dabei in erster Linie an Führungskräfte, die aktuell bzw. zukünftig Mitarbeitende auf Distanz führen.

Vor dem Hintergrund verschiedener Erkenntnisse aus der Forschung und der Praxis rund um dieses Thema erhalten Sie als Führungskraft in diesem Buch eine Vielzahl an konkreten Handlungstipps sowie auch einige Anstöße, die Sie zur persönlichen Reflexion und zum Weiterdenken anregen sollen. In gewisser Weise ähnelt dieses Buch dabei einem Buffet: Nicht jedem Menschen wird hier alles gleichermaßen „schmecken", aber ein Buffet bietet eben auch die Möglichkeit, sich diejenigen Dinge herauszusuchen, auf die man gerade besonders hungrig ist. Zudem bietet ein Buffet die Möglichkeit, ohne viel

Risiko auch mal etwas Neues oder anderes zu probieren. Und dazu lade ich Sie hier gerne ein. Aber Achtung: Ein Buffet, und das kennen Sie sicherlich, birgt immer auch die Gefahr, sich irgendwann zu „überessen". Das verursacht Unwohlsein. Um das zu vermeiden, empfehle ich Ihnen, dieses Buch „häppchenweise" zu lesen und einzelne Punkte immer zunächst zu „verdauen", ehe Sie weiterlesen.

Bevor Sie sich an dem Buffet bedienen, hier vorab noch folgende Hinweise: Wie eingangs angedeutet, liegt der Fokus dieses Buches auf der (Zusammen-) Arbeit mit und der Führung von Mitarbeitenden im Homeoffice. Ich spreche stellenweise von „Remote-Arbeit bzw. -Führung" oder „Zusammenarbeit bzw. Führung auf Distanz", beziehe mich im Rahmen dieses Buches aber auch dann auf die Situation Homeoffice. Sämtliche Begrifflichkeiten umfassen zudem die Gegebenheit, dass einzelne Beschäftigte nicht von zu Hause arbeiten, sondern von einem anderen Unternehmensstandort. Viele der diskutierten Punkte treffen dann zwar ebenso zu, andere hingegen weniger, sie können auch entfallen. Dies gilt es zu berücksichtigen.

Außerdem gehe ich in diesem Buch nicht auf interkulturelle Unterschiede und Gegebenheiten ein. Insbesondere dann, wenn Sie mit Ihren Mitarbeitenden über Ländergrenzen hinweg zusammenarbeiten, wird das sowohl weitere Herausforderungen als auch Chancen mit sich bringen. Sie werden in diesem Buch allerdings nicht thematisiert.

Darüber hinaus sind viele der hier dargestellten Führungsaufgaben, -tools und -tipps keineswegs auf den Remote-Kontext beschränkt. Vielmehr eignen sie sich ebenso gut für die Zusammenarbeit mit Ihren Mitarbeitenden „vor Ort". Wahrscheinlich kommen Ihnen einige Aufgaben und Tools hier bereits bekannt vor. Das kann gut sein, denn schlussendlich ist Remote-Führung zunächst einmal Führung.

Allerdings werden Sie schnell merken, dass Sie viele Aspekte „auf Distanz" viel bewusster, konkreter und expliziter verfolgen müssen.

Viele der Aufgaben und Tools werden deutlich relevanter – weil auf Distanz vieles nicht mehr unmittelbar gegeben ist oder automatisch funktioniert. Sollte Ihnen also ein Gedanke wie „Kenne ich schon" oder „Was ist daran neu?" kommen, dann prüfen Sie für sich einmal kritisch, inwiefern Sie dieser Verantwortung auf Distanz nachkommen, und wie Sie gegebenenfalls noch einmal verstärkter hinschauen müssen. Denn die (Zusammen-)Arbeit auf Distanz verlangt Führungskräften durchaus einiges ab.

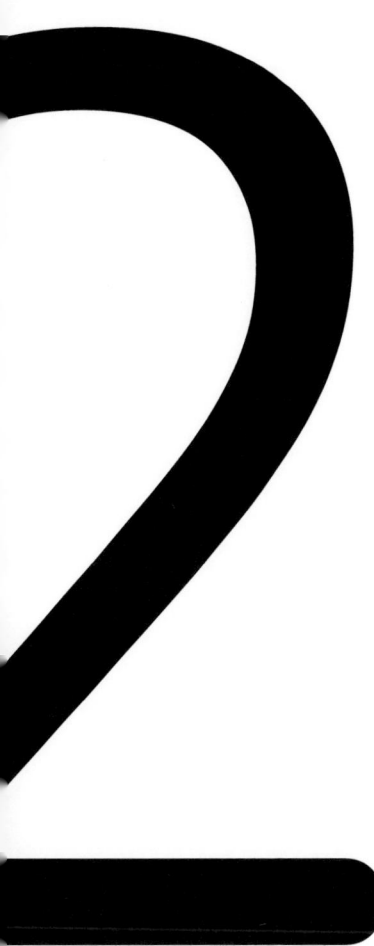

Remote-Arbeit
Fluch
oder
Segen?

Vor der Coronapandemie und dem damit einher-gehenden Pilotprojekt Homeoffice stand ein Großteil der deutschen Unternehmen der (Zusammen-)Arbeit aus dem Homeoffice eher skeptisch gegenüber. Im Zuge des ersten Lockdowns konnten viele von ihnen ihre Skepsis überwinden und gaben in unterschied-lichen Befragungen an, dass sie ihre Mitarbeiten-den auch zukünftig verstärkt von zu Hause arbeiten lassen wollen.

Laut einer Studie des Münchener ifo Instituts wollte im Juli 2020 „mehr als die Hälfte der Unternehmen in Deutschland (54 Prozent) Homeoffice dauerhaft stärker etablieren." (Alipour et al., 2020)

Insbesondere die Führungskräfte haben ihre Vor-urteile gegenüber der Zusammenarbeit auf Distanz in diesem Zeitraum großflächig abgelegt, so zeigen es die Ergebnisse einer Umfrage des Fraunhofer-Instituts für Arbeitswirtschaft und Organisation (IAO) in Zusammenarbeit mit der Deutschen Gesellschaft für Personalführung e. V. zu den Einflüssen der Corona-pandemie auf die Unternehmenspraxis (Hofmann et al., 2020). Unternehmen wie auch Führungskräfte haben erkannt, dass Homeoffice funktioniert und durch-aus einige Vorteile mit sich bringt, beispielsweise eine erkennbar höhere Arbeitszufriedenheit sowie eine höhere Produktivität unter den Mitarbeitenden.

Verfolgt man die Studien und Schlagzeilen aus dieser Zeit nun weiter, fällt allerdings auf, dass die Begeisterung für das Homeoffice insbesondere aufseiten der Beschäftigten mit der Zeit zunehmend schwindet. So zeigt beispielsweise eine Langzeitstudie der Universität Konstanz, dass die Begeisterung dafür, künftig in den eigenen vier Wänden produktiv zu sein, umso geringer ist, je länger die Phase der Heimarbeit schon andauert (Kunze et al., 2020). Während sich der Anteil derjenigen Beschäftigten, die auch zukünftig vollständig aus dem Homeoffice arbeiten möchten, zwischen März und Oktober 2020 bereits deutlich verringert hat, stieg der Anteil derjenigen Beschäftigten, die zukünftig keinen, nur einen oder zwei Homeoffice-Tage in der Woche haben möchten, erkennbar an. Insbesondere die sozialen und emotionalen Bedürfnisse der Beschäftigten kommen im Homeoffice offensichtlich zu kurz. Zudem erzeugt die Heimarbeit häufig mehr Druck. Wissenschaftlerinnen und Wissenschaftler warnen vor Überlastungen und negativen gesundheitlichen Folgen.

Ist die (Zusammen-)Arbeit aus dem Homeoffice nun also ein Fluch oder ein Segen? – Die Antwort ist: Es kommt drauf an! Fest steht, dass das Homeoffice sowohl verschiedene Vorteile als auch Nachteile mit sich bringt. Diese Vor- und Nachteile sind zumeist zwei Seiten derselben Medaille. Je nachdem, auf welche Seite die Medaille fällt, kann Homeoffice für die einzelnen Mitarbeitenden, aber auch für die Führungskraft und das gesamte Unternehmen, schnell zum Fluch oder Segen werden. Der Fall der Medaille, um einmal in diesem Bild zu bleiben, erfolgt dabei keineswegs zufällig, sondern wird durch verschiedene Rahmenbedingungen wie unternehmerische und kulturelle Gegebenheiten beeinflusst. Ferner spielt die Führung eine ganz entscheidende Rolle.

Bevor ich in diesem Buch konkret darauf eingehe, welchen Einfluss Sie als Führungskraft auf den Erfolg der (Zusammen-)Arbeit aus dem Homeoffice haben, möchte ich zunächst auf verschiedene Chancen und Herausforderungen dieser Arbeitsform eingehen. Dabei greife ich gezielt solche Aspekte auf, die mir in der Zusammenarbeit mit verschiedenen Unternehmen und insbesondere auch den Führungskräften regelmäßig begegnen und die auch von Studien immer wieder hervorgehoben werden. Denn schließlich ist es zuallererst wichtig, dass Sie sich als Führungskraft der Chancen und Herausforderungen, die das Homeoffice für Ihre Mitarbeitenden, Ihr Team und Sie mit sich bringt, bewusst werden, um vor diesem Hintergrund konkrete Erfolgsfaktoren erkennen und Maßnahmen ergreifen zu können.

2.1 | Home sweet Home(office) – Vorteile nutzen

Höhere Arbeitszufriedenheit

Das Arbeiten aus dem Homeoffice heraus kann insgesamt zu einer erhöhten Arbeitszufriedenheit unter den Beschäftigten führen. Das zeigen verschiedene

Studien, zum Beispiel die groß angelegte und häufig zitierte Befragung des Wissenschaftlichen Instituts der AOK (WIdO) von 2019 sowie der vom Bundesministerium für Arbeit und Soziales (BMAS) in Auftrag gegebene Forschungsbericht zur Verbreitung und Auswirkung von mobiler Arbeit und Homeoffice (Bonin et al., 2020). Diese erhöhte Zufriedenheit kann dabei in verschiedenen Vorteilen, die das Remote-Arbeiten mit sich bringt, begründet liegen. Nachfolgend möchte ich auf diejenigen Vorteile eingehen, von denen uns Führungskräfte und Mitarbeitende in der Zusammenarbeit häufig berichten und die durch umfangreiche Homeoffice-Studien klar herausgestellt werden.

Erhöhte Flexibilität und bessere Work-Life-Balance

Arbeiten aus dem Homeoffice heraus bedeutet für viele Arbeitnehmende in erster Linie eine höhere Autonomie sowie mehr Flexibilität hinsichtlich der Gestaltung ihres Arbeitstages. Auch wenn Autonomie und Flexibilität natürlich nicht per se nur vorteilhaft sein müssen, so werden sie in vielen Befragungen und Analysen als primäre Gründe für die erhöhte Arbeitszufriedenheit herangezogen. Zu diesem Ergebnis kommt auch die Studie der DAK-Gesundheit, im Rahmen derer im Frühjahr 2020 knapp 2.200 Arbeitnehmende mit regelmäßiger Homeoffice-Tätigkeit unter anderem zu den Vor- und Nachteilen des Homeoffice befragt wurden. Hier gaben 65 Prozent der Befragten an, dass sie ihre „Arbeitszeit im Homeoffice besser über den Tag verteilen [können] z. B. abends länger arbeiten und am Nachmittag Sport treiben." Das Arbeiten im Homeoffice kann viel individueller und bedürfnisorientierter erfolgen.

> vgl. Abschnitt 2.2

Hinzu kommt, dass der Arbeitsweg entfällt, was für viele Befragte einen spürbaren Zeitgewinn mit sich bringt. Und das führt ebenfalls dazu, dass der Arbeitstag flexibler gestaltet werden kann und mehr Zeit für andere Dinge bleibt. Diesen Aspekt sahen 66 Prozent der Befragten als klaren Vorteil des Homeoffice.

Zuletzt stimmten 68 Prozent der Befragten einer besseren Vereinbarkeit von Beruf und Familie im Homeoffice zu.

Die DAK-Gesundheit listet diese drei Punkte in ihrem Ergebnisbericht unter den größten Vorteilen, infolge derer die Arbeitszufriedenheit im Homeoffice steigt.

Zu vergleichbaren Ergebnissen kommen auch andere Studien, wie etwa die des Softwareunternehmens GitLab (2020). Ausgehend von der Annahme, dass Mitarbeitende zufriedener sind, wenn sie von zu Hause arbeiten, gab das Unternehmen eine Studie in Auftrag, im Rahmen derer rund 3.000 Personen aus den USA, Kanada, England und Australien gefragt wurden, was sie vom Homeoffice halten und welche Erfahrungen sie mit dieser Art des Arbeitens gesammelt haben. Dabei kam heraus, dass 52 Prozent der Befragten die flexible Zeiteinteilung, die das Homeoffice mit sich bringt, als größten Vorteil sahen. „Sich jederzeit um die Familie, Haustiere und pflegebedürftige Angehörige kümmern zu können", wurde ergänzend dazu von 34 Prozent der Befragten erwähnt. Das Homeoffice bietet somit die Chance, bedürfnisorientierter zu arbeiten und die familiäre Infrastruktur wesentlich flexibler betreuen zu können.

Schließlich wurde auch in der GitLab-Studie von 38 Prozent der Befragten das fehlende Pendeln als klarer Pluspunkt des Homeoffice angeführt. Tägliches Pendeln stresst den Großteil der befragten Arbeitnehmenden nachweislich. Es kostet jede Menge Zeit und Nerven. Verschiedene Studien zeigen, dass tägliches Pendeln unglücklich und krankmachen kann (siehe z. B. Gesundheitsreport der Techniker Krankenkasse „Mobilität in der Arbeitswelt", 2018). Entfällt der tägliche Fahrtweg, bringt das meist also nicht nur einen Zeitgewinn für die Beschäftigten, sondern kann nachweislich auch die allgemeine Lebenszufriedenheit sowie die psychische und physische Gesundheit steigern.

Konzentrierteres und angenehmeres Arbeiten
Im Büroalltag sind Ablenkungen allgegenwärtig. Es gibt Studien, die besagen, dass Arbeitnehmende im Büro etwa alle drei Minuten unterbrochen werden oder sich selbst unterbrechen. Einmal abgelenkt, kann es laut Gloria Mark, Professorin an der University of California in Irvine, bis zu 23 Minuten dauern, bis sie danach wieder mit voller Konzentration bei der eigentlichen Aufgabe sind. Sogenannte „Deep Work"-Phasen, also Zeiten, in denen man mit voller Konzentration an einer Aufgabe arbeitet, sind demzufolge im Büroalltag eher selten. Einige Beschäftigte kommen infolgedessen regelmäßig sehr früh ins

Büro oder bleiben bis spät abends, um in diesen Zeiten ungestört an ihren Aufgaben arbeiten zu können. Während der Kernarbeitszeiten scheint das für viele im Büroalltag nicht oder eben nur sehr schwer möglich zu sein – insbesondere dann, wenn sie in einem Großraumbüro sitzen. Neben eingehenden E-Mails sind es die quatschenden Kolleginnen und Kollegen, klingelnde Telefone und eingeschaltete Radios sowie Lärm, der durch das offene Fenster hineinkommt, die für vielschichtige Ablenkung sorgen.

Vor diesem Hintergrund ist es nicht verwunderlich, dass die wahrgenommene Ruhe und Ungestörtheit, die das Arbeiten von zu Hause mit sich bringt, von vielen Beschäftigten als klare Homeoffice-Vorteile angeführt werden. Die allgemeine Geräuschkulisse ist hier im Allgemeinen deutlich geringer. Und auch wenn die eingehenden E-Mails und Anrufe sie natürlich auch zu Hause erreichen, lassen sich viele andere Störquellen hier bewusst kontrollieren bzw. ausschalten. Infolgedessen erleben viele Remote-Arbeitende, dass es sich in den eigenen vier Wänden deutlich konzentrierter arbeiten lässt.

Neben Hintergrundgeräuschen sind hier übrigens auch Aspekte wie die „richtige" Arbeitstemperatur nicht zu vernachlässigen. In den eigenen vier Wänden können sich die Beschäftigten ihren Platz so einrichten, dass er ein optimales Arbeiten in einem gut temperierten Raum ermöglicht. Dies spiegelt sich im Übrigen auch in den Studienergebnissen der DAK-Gesundheit (2020) wider.

Unter den häufigsten genannten Vorteilen, die das Homeoffice mit sich bringt und infolge derer die Arbeitszufriedenheit steigt, ist hier auch gelistet, dass „die Arbeit im Homeoffice als deutlich angenehmer empfunden wird als die Arbeit am normalen Arbeitsplatz im Betrieb bzw. Büro."
(DAK-Gesundheit, 2020)

Dieser Aussage haben 54 Prozent der Befragten zugestimmt. In den eigenen vier Wänden kann also auch der Arbeitsplatz individuell und bedürfnisorientiert gestaltet werden. Und das bietet schließlich die Grundlage für Zufriedenheit und konzentriertes Arbeiten.

Weniger Stress und geringere Krankenstände
Bedingt durch die höhere Flexibilität in der Arbeitsgestaltung, die wegfallenden Arbeitswege sowie insbesondere durch die wahrgenommene Ruhe und Ungestörtheit, die das Arbeiten in den eigenen vier Wänden mit sich bringt, berichten einige Remote-Arbeitende von einem geringeren Stresserleben. In der „Sonderanalyse zur Situation in der Arbeitswelt vor und während der Pandemie" des Gesundheitsreports der DAK-Gesundheit (2020) zeigt sich konkret, dass der Anteil der täglich gestressten Beschäftigten im Homeoffice um 29 Prozent zurückging. Sicherlich lässt sich an dieser Stelle diskutieren bzw. hinterfragen, inwiefern diese konkrete Zahl auch durch andere Gegebenheiten der zum Erhebungszeitpunkt verstärkt einsetzenden Coronapandemie beeinflusst wurde. Fest steht jedoch, denn so zeigen es auch andere Befragungen und Analysen, dass das

Arbeiten aus dem Homeoffice insgesamt einen positiven Einfluss auf das tägliche Stresserleben von Beschäftigten haben kann. Und das wiederum begünstigt, ähnlich wie die Arbeitszufriedenheit, das psychische Wohlbefinden dieser Remote-Arbeitenden.

Der nächste Punkt ist mit etwas Vorsicht zu genießen, und zwar insbesondere dann, wenn wir uns in diesem Abschnitt auf die Vorteile der Remote-Arbeit fokussieren. Ich möchte ihn aber dennoch nicht unerwähnt lassen, da er sowohl in verschiedenen Studien als auch in meiner Zusammenarbeit mit unterschiedlichen Unternehmen immer wieder diskutiert wird. Die Rede ist von dem erkennbaren Rückgang an Fehltagen, den das Homeoffice offensichtlich mit sich bringt.

So stellt beispielsweise die AOK-Gesundheitskasse im Zuge ihrer Homeoffice-Befragung im Jahr 2019 schwerpunktmäßig heraus, dass diejenigen Befragten, die häufig im Homeoffice arbeiteten, gegenüber denjenigen, die ausschließlich am Unternehmenssitz tätig waren, geringere Fehlzeiten aufwiesen (7,7 Tage vs. 11,9 Tage). (WIdO, 2019)

Primär wird dies wiederum auf die erhöhte Flexibilität, die die Remote-Arbeit mit sich bringt, zurückgeführt. „Im Homeoffice lassen sich die Arbeitszeiten passgenauer einteilen. Unter Umständen arbeiten die Menschen im Krankheitsfall weniger und holen die verlorene Arbeitszeit dann nach", so Helmut Schröder, stellvertretender Geschäftsführer des wissenschaftlichen Instituts der AOK, in der Pressemitteilung zu der genannten Homeoffice-Befragung. Zu ähnlichen Ergebnissen kommt auch eine Homeoffice-Studie der Universität Stanford aus dem Jahre 2015, auf die ich später noch genauer eingehen werde. Auch hier ließ sich eine deutlich reduzierte Anzahl an Fehltagen bei den Mitarbeitenden im Homeoffice gegenüber ihren im Büro arbeitenden Kolleginnen und Kollegen beobachten. Zurückgeführt wird dies auf die erhöhte Bereitschaft, im Homeoffice auch dann zu arbeiten, wenn man sich eben nicht ganz so wohlfühlt und den Weg ins Büro eher nicht auf sich nehmen würde. Von der Couch lässt sich das ein oder andere dann doch abarbeiten. Und auch wenn die eigenen Kinder krank sind und zu Hause betreut werden müssen, erfordert dies nicht unbedingt direkt eine Krankschreibung der Eltern. Im Homeoffice lassen sich Betreuung und Arbeit offensichtlich besser vereinbaren.

Ergänzen möchte ich diese Studienergebnisse und -beobachtungen durch konkrete Erfahrungen aus meiner Zusammenarbeit mit den Personalverantwortlichen unterschiedlicher Unternehmen rund um die Ausgestaltung der Remote-Arbeit und Führung in ihren jeweiligen Unternehmen. Mehrfach wurde mir hier berichtet, dass die Krankentage durch die vermehrte Einführung von Homeoffice im letzten Jahr signifikant gesunken seien. So verzeichnen einige dieser Unternehmen, verglichen mit den Krankentagen im Herbst des Vorjahres, gemäß eigenen Angaben Rückgänge um 66 Prozent. Vielleicht haben Sie in Ihrem Unternehmen oder Ihrem Team schon ähnliche Trends beobachtet.

> vgl. Abschnitt 2.2

Ob es sich hierbei um einen langfristigen und nachhaltigen Effekt handelt, bleibt allerdings offen bzw. ist stellenweise zu bezweifeln. Während einige Autorinnen und Autoren festhalten, dass die Arbeit von zu Hause die Ansteckungsgefahr vor Virusinfektionen senkt und sich zudem auch positiv auf das seelische Gleichgewicht auswirkt, eben aufgrund der zuvor beschriebenen vermittelnden Effekte, lässt sich aus den Ergebnissen nicht per se schlussfolgern, dass die Beschäftigten im Homeoffice wirklich gesünder bzw. weniger häufig krank sind. Auch wenn das in Einzelfällen sicherlich nicht auszuschließen ist, deuten die Ergebnisse eher darauf hin, dass das Homeoffice eine größere Bereitschaft und Motivation mit sich bringt, auch unter „angeschlagenen" Bedingungen, wie eben dargelegt, zu arbeiten.

Gesteigerte Produktivität

Basierend auf einer Befragung von über 500 Unternehmen, veröffentlichte das Fraunhofer IAO in Zusammenarbeit mit der Deutschen Gesellschaft für Personalführung e. V. eine Analyse zur Leistung und Produktivität im Homeoffice (Hofmann et al., 2020). Während hier über die Hälfte der Unternehmen darüber berichtete, dass die Leistung der Mitarbeitenden gleichgeblieben sei, gaben 30 Prozent an, dass die Produktivität sogar gestiegen sei. Nur 0,5 Prozent spürten eine starke Einschränkung.

Auch andere Studien berichten von einer tendenziell höheren Produktivität der Beschäftigten im Homeoffice: Im Rahmen der Homeoffice-Studie der DAK-Gesundheit (2020) gab mehr als die Hälfte an, von zu Hause aus mindestens genauso produktiv arbeiten zu können wie im Betrieb oder im Unternehmensbüro. Jede und jeder Vierte gab zudem an, im Homeoffice produktiver zu sein als am normalen Arbeitsplatz.

In der vielfach zitierten Homeoffice-Studie der Universität Stanford wird von einem durchschnittlichen Produktivitätsanstieg von gut 13 Prozent im Homeoffice gegenüber den im Unternehmensbüro arbeitenden Kolleginnen und Kollegen berichtet.
(Bloom et al., 2015)

Erfasst wurde dies insbesondere anhand der getätigten Anrufe der Studienteilnehmenden, allesamt Mitarbeitende einer Reiseagentur. Die Wissenschaftlerinnen und Wissenschaftler führen diese erhöhte Produktivität dabei zu 9 Prozent auf Mehrarbeit und nur zu 4 Prozent auf eine höhere Effizienz im Homeoffice zurück. Zugleich betonen sie, dass ihre Ergebnisse natürlich mit Vorsicht zu genießen seien, da die Studienteilnehmenden allesamt freiwillig von zu Hause arbeiteten. Dadurch können sich bereits gewisse Selektions- und Motivationseffekte ergeben haben. Anders ausgedrückt, allein die Tatsache, dass sich Beschäftigte bewusst und selbst dafür entscheiden, aus dem Homeoffice heraus zu arbeiten, kann schon zu einer gesteigerten Produktivität führen. Es handelt sich hierbei um eine nicht zu vernachlässigende moderierende Variable.

Halten wir also fest, dass die Arbeit im Homeoffice zu einer erhöhten Produktivität führen kann und dies durch unterschiedliche Faktoren bedingt sein kann, die ebenso unterschiedlich zu bewerten sind. Ist die höhere Produktivität die Folge einer erhöhten Zufriedenheit und Gesundheit der Mitarbeitenden im Homeoffice, die beispielsweise wiederum aus einer höheren Flexibilität oder einer Ungestörtheit resultieren, so ist das sicherlich ein klarer Vorteil. Häufig ist die erhöhte Produktivität aber auch die Folge von Mehrarbeit. Und das gilt es dann mit Vorsicht zu genießen.

> vgl. Abschnitt 2.2

Eine erhöhte Produktivität ist im Übrigen nicht nur die Folge von guter Zufriedenheit und Gesundheit der Beschäftigten im Homeoffice, sondern sie kann diese wiederum auch stark begünstigen. Insbesondere das Gefühl, viel geschafft zu haben, kann einen sehr positiven Effekt auf das allgemeine Wohlbefinden der Beschäftigten haben. Hier ergibt sich also ein sich selbst verstärkender Prozess, der mit Blick auf den Erfolg von Homeoffice nicht zu unterschätzen ist.

Weitere unternehmerische Vorteile

Die Möglichkeit des Remote-(Zusammen-)Arbeitens bringt nicht nur für die einzelnen Mitarbeitenden, sondern auch für das jeweilige Unternehmen noch weitere Vorteile mit sich. Müssen Mitarbeitende nicht länger physisch anwesend sein, um ihre Arbeit zu verrichten, sondern können sie diese von jedem beliebigen Ort aus erledigen, bedeutet das für die Unternehmen, dass sie ihre Leute aus dem ganzen Land rekrutieren können.

Einzugsgebiete enden nicht länger an bestimmten Orts- oder Ländergrenzen, wodurch sich der Pool qualifizierter Leute natürlich schlagartig erhöht.

Gerade für Unternehmen mit Sitz in kleineren Orten oder Städten, denen es sonst schwerer fällt, geeignetes Fachpersonal zu finden, können sich hierdurch neue Chancen ergeben, gutes Personal zu fairen Konditionen zu finden.

Gleichzeitig stellt die Möglichkeit, aus dem Homeoffice arbeiten zu können, für immer mehr Menschen ein ganz wesentliches Kriterium bei der Auswahl der Arbeitgeberin bzw. des Arbeitgebers dar. Aktuellen Recruiting-Berichten zufolge sinkt die Bereitschaft, für einen (neuen) Job umzuziehen, insbesondere in den jüngeren Generationen deutlich. Da Unternehmen über die letzten Jahre hinweg verstärkt in die Rolle des Bewerbenden gerutscht sind, können sie diese Entwicklung nicht einfach ignorieren. Stattdessen können sie ihre Attraktivität auf dem Arbeitsmarkt durch Homeoffice-Angebote deutlich steigern und somit die Wahrscheinlichkeit erhöhen, dass sie als Arbeitgeberin bzw. Arbeitgeber in Betracht gezogen werden. Das Angebot des Remote-(Zusammen-) Arbeitens ist damit ein wesentliches Kriterium für die gegenwärtige und zukünftige Wettbewerbsfähigkeit von Unternehmen.

Langfristig kann ein Unternehmen durch Remote-Arbeit zudem deutliche Kosteneinsparungen verzeichnen (für konkrete Berechnungen siehe z. B. PwC-Studie, PwC 2020) – auch wenn die Umstellung zunächst mit beträchtlichen Investitionen in die digitale Infrastruktur und eine neue Kommunikationstechnologie einhergeht. Denn arbeiten zunehmend mehr Mitarbeitende aus dem Homeoffice, braucht das Unternehmen entsprechend weniger Büroflächen bzw. -räumlichkeiten sowie weniger Parkplätze. Einer unserer Kunden hat vor dem Hintergrund, einhergehend mit den positiven Homeoffice-Erfahrungen aus dem letzten Jahr und dem daraus resultierenden Entschluss, Mitarbeitenden zukünftig mehr Heimarbeit zu ermöglichen, ganz konkret den Bau eines neuen Bürogebäudes abgesagt – obwohl das Unternehmen sich gerade in einer guten Wachstumsphase befindet. Und es sind nicht nur Kosten für Büro- oder Parkflächen, die das Unternehmen einsparen kann.

Auch andere laufende Kosten wie etwa für Kaffeemaschinen oder Kantinenzuschüsse, Telefonanlagen oder Drucker flachen ab. Viele Kosten werden von den Mitarbeitenden dann selbst getragen (z. B.

Strom-, Wasser- und Heizkosten) – und trotzdem können sie in aller Regel einige Kosten sparen, etwa durch entfallende Fahrtkosten oder niedrigere Verpflegungskosten.

Schlussendlich ist Remote-(Zusammen-)Arbeit auch „gelebte Nachhaltigkeit".

Und das wiederum wird sowohl von Mitarbeitenden als auch von der Kundschaft bzw. unserer Gesellschaft insgesamt gegenwärtig verstärkt eingefordert. Das Umweltbewusstsein steigt und damit einhergehend die Frage nach ökologischer Nachhaltigkeit. Letztere wird zu einem zentralen Kriterium, und zwar nicht nur für Kaufentscheidungen, sondern auch für die Zusammenarbeit. Indem sie vermehrt auf Heimarbeit oder auf virtuelle Meeting-Formate setzen, können Unternehmen ihren ökologischen Fußabdruck drastisch reduzieren. Wie schnell bereits große Mengen CO_2 eingespart werden, wenn Mitarbeitende nicht mehr täglich im Stau stehen oder für kurze Meetings durch das ganze Land reisen müssen, zeigen verschiedene Berechnungen, konkret auch das Gutachten zur mobilen Arbeit des ifaa, dem Institut für angewandte Arbeitswissenschaft e. V.. (Stowasser et al., 2020).

2.2 | Honeymoon Hangover und Unsichtbarkeit

Sprint versus Dauerlauf oder
Anfangseuphorie versus Langzeitherausforderungen

Während der Lockdown-Zeiten in der Corona-pandemie arbeitete zeitweise etwa jede dritte arbeit-nehmende Person aus den heimischen vier Wänden heraus (Nagel, 2020). Diese Zeit wird immer wieder auch als der „Durchbruch der Heimarbeit" betitelt, da selbst Unternehmen, die sich noch kurz zuvor vehement dagegen ausgesprochen hatten, Home-office-Möglichkeiten für ihre Mitarbeitenden in Betracht zu ziehen bzw. zu realisieren, große Teile ihrer Belegschaft quasi über Nacht ins Homeoffice schickten. Viele von ihnen konnten dabei sehr positive Erfahrungen machen, sodass für sie bereits wenige Wochen später feststand, dass Homeoffice-Lösungen auch nach der Coronapandemie für ihre Mitarbeiten-den fortbestehen sollten.

Diese Erkenntnisse sind natürlich mit Vorsicht zu genießen, da es sich hierbei um eine Ausnahme-situation handelt, in der so gut wie alle daran interessiert und entsprechend bemüht waren, dass es funktioniert und dass „der Laden am Laufen bleibt". Zudem sind etwaige Langzeitherausforderungen, auf die ich im Folgenden eingehen werde, zu dem Zeit-punkt sehr wahrscheinlich noch gar nicht aufgetreten oder zumindest noch nicht spürbar gewesen. Dabei denke ich zum Beispiel an das schwindende Gefühl von Zugehörigkeit und Motivation, das sich erst mit der Zeit einstellt, oder auch an die Erschöpfungszustände, die aus der Mehrarbeit resultieren, sich aber ebenfalls erst mit der Zeit bemerkbar machen (s. u.). Es ist zweifelsohne ein Unterschied, ob das Arbeiten von zu Hause oder auf Distanz ein zeitlich begrenzter Zustand ist oder eben ein Dauerzustand. Aus einem Sprint wird also ein Dauerlauf.

Ich habe in dem Zusammenhang den Begriff der „Honeymoon-Hangover-Curve" kennengelernt:

Nachdem in der Anfangszeit insbesondere die neu gewonnenen Vorteile und Chancen der Homeoffice-Möglichkeit hervorstechen und das zu einer Euphorie und Zufriedenheit unter den Beschäftigten führt, schimmern mit der Zeit zunehmend auch Schwierigkeiten und Langzeitherausforderungen durch.

Die anfängliche Euphorie und die Zufriedenheit ebben ab. Unsere Trainingsteilnehmenden konnten diesen Effekt für sich und viele ihrer Mitarbeitenden klar wiedererkennen. Und so entstand aus der anfänglichen Euphorie darüber, wie gut doch alles funktioniert und wie angenehm es beispielsweise ist, sich morgens nicht durch den Stau im Berufsverkehr quälen zu müssen, bald schon ein Gefühl von „durchhalten und Zähne zusammenbeißen müssen", um gegen eine sich breitmachende Demotivation und Erschöpfung anzukommen.

Nachfolgend möchte ich nun mit Ihnen die größten Herausforderungen teilen, die uns in der Zusammenarbeit mit Führungskräften und Mitarbeitenden begegnen bzw. in Studien hervorgehoben werden. Viele dieser Herausforderungen entfalten sich auch erst mit der Zeit. Ihr Effekt ist allerdings nicht zu unterschätzen.

Abhängigkeit von digitalen Technologien und chaotischer Kommunikationsmix

Ob es uns gelingt, erfolgreich auf Distanz zusammenzuarbeiten, steht und fällt mit einer stabilen Internetverbindung sowie einer bedarfsgerechten Ausstattung und Nutzung von Hard- und Software. Die Coronapandemie hat zweifelsohne dazu geführt, dass viele Unternehmen in Windeseile neue Technologien eingeführt haben, während Software- und Plattformentwicklerinnen und -entwickler ihre Lösungen in einer ebenfalls nie dagewesenen Schnelligkeit weiterentwickelt haben.

Trotzdem stecken viele Unternehmen, oftmals auch kulturbedingt, bei diesem Thema bildlich gesprochen, noch in den Kinderschuhen. Führungskräfte berichten uns immer wieder von Schwierigkeiten in der Zusammenarbeit mit ihren Mitarbeitenden, die auf eine schlechte Internetverbindung, eine nicht vorhandene Videokamera oder eine mangelnde Bereitschaft, die vorhandene Kamera in Remote-Meetings anzuschalten, zurückzuführen sind. Auch fehle es an den richtigen Tools, die es zum Beispiel ermöglichen können, auch auf Distanz kreativ zusammenzuarbeiten oder Arbeitsstände für alle sichtbar zu machen. Klar, es gibt solche Tools – ob und inwiefern sie in dem jeweiligen Unternehmen aber genutzt werden dürfen, ist eine andere Frage und eben oftmals mit viel Aufwand, sowohl aufseiten der Führungskraft als auch aufseiten der IT-Kolleginnen und -Kollegen, verbunden.

Hinzu kommt, dass wir Menschen Gewohnheitstiere sind. Haben wir uns einmal an eine Arbeits- oder Vorgehensweise gewöhnt, so fällt es uns meist schwer, uns auf etwas Neues einzulassen. Neue Technologien kennen und anwenden zu lernen, kostet uns zunächst einmal Zeit und Anstrengung. Und so erlebe ich in Trainings immer wieder Situationen, in denen sich Führungskräfte gegenseitig darüber aufklären, welche Tools in ihrem Unternehmen schon alle einsetzbar sind und welche Möglichkeiten sie eröffnen. Erfolgreiche Zusammenarbeit auf Distanz setzt voraus, dass man technische Möglichkeiten nutzt bzw. nach diesen sucht und sie bedarfsgemäß anwendet.

Mit der Einführung neuer Tools zur Kommunikation steigt aber folglich auch die Anzahl verfügbarer Informationskanäle im Team sowie im Unternehmen. Unter den Kolleginnen und Kollegen wird sowohl über E-Mail, Telefon und Chat (z. B. WhatsApp oder Slack) sowie über die jeweilige Meeting-Plattform (z. B. Skype, MS Teams oder Zoom) miteinander kommuniziert.

Gibt es hier keine allgemein bekannten Regeln oder klaren Absprachen dahin gehend, welches Tool wann, wofür und wie eingesetzt wird, so kann das schnell zu Informationsverlusten, Missverständnissen, Leistungseinbußen, Verärgerung und Frustration im Team führen.

Fehlende Unmittelbarkeit und höheres Potenzial für Missverständnisse

In ihren Forschungsarbeiten unterscheidet Professorin Dr. Sabine Remdisch (2015) zwei Arten von Distanz: die physische Distanz und die wahrgenommene Distanz. Lassen Sie uns in diesem Abschnitt zunächst auf die physische Distanz eingehen. Diese bezeichnet den objektiv messbaren Abstand zwischen den einzelnen Individuen, also zum Beispiel zwischen den Mitgliedern eines Teams. Arbeiten die Teammitglieder alle in ein und demselben Großraumbüro, so ist die physische Distanz recht gering. Sitzen die Teammitglieder allerdings an unterschiedlichen Standorten, erhöht sich die physische Distanz schnell.

Eine große physische Distanz führt dazu, dass die Teammitglieder nicht länger direkt und unmittelbar wahrnehmen, wie es den anderen jeweils geht, woran sie gerade arbeiten und wie beschäftigt sie insgesamt sind.

Was dies anbelangt, herrscht weniger Transparenz und Klarheit, was wiederum schnell zu Verstimmungen und Missverständnissen unter Kolleginnen und Kollegen führen kann. Zudem kann es Doppelarbeiten verursachen.

Hierzu ein Beispiel: Sie warten nun schon seit einiger Zeit auf die Rückmeldung eines Kollegen. Wenn sowohl Sie als auch Ihr Kollege am selben Ort arbeiten, also zum Beispiel in demselben Büro oder zumindest auf demselben Flur, dann haben Sie wahrscheinlich bereits vernommen, dass der Kollege heute den ganzen Tag schon in schwierigen Geschäftsterminen steckt und bei ihm, bildlich gesprochen, die Hütte brennt. Sitzen Sie hingegen im Homeoffice und damit einige Kilometer von Ihrem Kollegen entfernt, dann ist Ihnen dies sehr wahrscheinlich nicht bekannt. Vermutlich würden Sie in ersterem Fall verständnisvoller und geduldiger reagieren, im zweiten Fall hingegen schneller verärgert. Ihr Kollege ist vielleicht ebenfalls verärgert, weil ihm niemand unterstützend zur Seite eilt.

> vgl.
Abschnitt
3.1.1
Eine erfolgreiche Zusammenarbeit auf Distanz setzt demnach voraus, dass Wege und Möglichkeiten gefunden und installiert werden, um eine Transparenz und Klarheit im Team aufrechtzuerhalten, vor allem hinsichtlich Wohlbefinden und Auslastung, aber auch hinsichtlich der Verantwortlichkeit der einzelnen Mitglieder. Dies beeinflusst sowohl die wahrgenommene Fairness als auch das Gemeinschaftsgefühl im Team und ist damit eine ganz wichtige Aufgabe der Führung auf Distanz.

Eine Zusammenarbeit auf Distanz führt außerdem zwangsläufig dazu, dass Kommunikation und Austausch untereinander primär über verschiedene Medien vermittelt stattfindet (s. o.).

Hierin liegt ein weiterer bekannter Nährboden für Missverständnisse und Konflikte. Denn ohne das Zwinkern der Kollegin oder des Kollegen kann die ein oder andere salopp formulierte Nachricht schnell negativ aufgefasst bzw. falsch interpretiert werden. Gleiches gilt für langes Schweigen an ungünstiger Stelle.

Fehlender Austausch und fehlender sozialer Kontakt

Im vorherigen Abschnitt bin ich bereits auf eine der beiden Arten von Distanz eingegangen, zwischen denen Professorin Dr. Sabine Remdisch in ihren Arbeiten unterscheidet (s. o.). Die zweite Art von Distanz ist die wahrgenommene Distanz. Diese beschreibt im Gegensatz zu der objektiv messbaren physischen Distanz ein subjektives Gefühl der Verbundenheit und der Zugehörigkeit. Wie nah und wie verbunden fühle ich mich mit den anderen Teammitgliedern? Und habe ich das Gefühl, ein wichtiges Mitglied des Teams zu sein?

Hier möchte ich mit Ihnen noch einmal auf die Ergebnisse der insbesondere zu Beginn der Coronapandemie, also im Frühjahr 2020, häufig zitierten Studie der Universität Stanford aus dem Jahre 2015 eingehen (Bloom et al., 2015). Im Auftrag einer Reiseagentur untersuchte ein Forschungsteam um Nicolas Bloom, ob und inwieweit die Arbeit aus dem Homeoffice überhaupt funktioniert. Hierzu wurden 500 Angestellte der Reiseagentur über mehrere Monate begleitet, wobei die eine Hälfte von ihnen remote und die andere Hälfte im gewohnten Umfeld, sprich, im Büro, arbeitete. Das Forschungsteam konnte bei denjenigen Angestellten, die in diesem Zeitraum remote arbeiteten, eine höhere Produktivität sowie niedrigere Krankenstände und geringere Fehlzeiten verzeichnen. Einhergehend mit einer zuvor disku-tierten Herausforderung war übrigens auch hier die erhöhte Produktivität in erster Linie auf Mehrarbeit im Sinne von weniger Pausen zurückzuführen. Das aber nur als Randbemerkung an dieser Stelle.

> vgl.
Abschnitt
2.2

Auch wenn die Ergebnisse mit Vorsicht zu genießen sind, wie Bloom und sein Team selbst anmerken, da sich die Angestellten zum Beispiel freiwillig gemeldet hatten, um in diesem Zeitraum remote zu arbeiten, gibt es eine weitere interessante Erkenntnis:

Denn obwohl das Experiment insbesondere aus wirtschaftlichen Gesichtspunkten positiv verlief, entschied sich nach neun Monaten mehr als die Hälfte der teilnehmenden Beschäftigten für eine Rückkehr ins Büro und damit gegen eine langfristige Arbeit im Homeoffice.

Der hierfür am häufigsten angeführte Grund war der fehlende Kontakt zu den Kolleginnen und Kollegen, einhergehend mit einer daraus resultierenden Isolation.

In erster Linie hatte zwar genau dies ein ungestörteres, konzentrierteres Arbeiten ermöglicht. Mit der Zeit wurde es von den Remote-Arbeitenden aber als zunehmend negativ empfunden und bewertet.

Auch andere Studien sowie ganz konkret auch unsere Trainingsteilnehmenden, Führungskräfte wie gleichermaßen auch Mitarbeitende führen diesen Punkt konsistent als eine der größten Herausforderung des Remote-Arbeitens an. Interaktionen mit Kolleginnen und Kollegen, die sich vor Ort spontan ergeben, etwa in der Kaffeeküche, beim gemeinsamen Mittagessen oder während man gemeinsam auf den Aufzug wartet, werden im virtuellen Raum sehr rar oder entfallen gar gänzlich. Anders gesagt, auf Distanz trifft man sich leider nicht (oft) zufällig. Genauso wenig bekommt man mit, wie es den Kolleginnen und Kollegen gerade geht, an welchen Themen sie gerade sitzen und wie die Stimmung im Team aktuell insgesamt ist. Das Zwischenmenschliche geht verloren. Man ist fokussiert auf sich und die eigene Situation.

Ähnliches gilt auch für remote stattfindende Meetings, wie etwa wöchentliche Teammeetings via Skype for Business, MS Teams, Zoom o. Ä. Reine Remote Meetings, also solche, an denen alle Teammitgliederaus der Distanz und somit medial vermittelt teilnehmen, werden (sofern das Internet stabil ist und die Technik funktioniert, aber das ist noch mal ein anderer Punkt) von unseren Trainingsteilnehmenden häufig als konzentrierter und effizienter erlebt. Aber auch hier geht dies zumeist zulasten des nicht fachlichen Austausches und der sonstigen Interaktionen zwischen den Teilnehmenden, die spontan und auch um das eigentliche Meeting herum entstehen – etwa, wenn die Teilnehmenden sich auf dem Weg zum Meeting-Raum treffen und ins Gespräch kommen, einige Minuten vorher im Raum sind und ihr Gespräch fortsetzen oder wenn sie sich in der angesetzten Kaffeepause gemeinsam auf den Weg zur nächstliegenden Kaffeemaschine machen. In Remote-Meetings hingegen loggen sich die Teilnehmenden zumeist auf die Minute genau ein. Dann wird pünktlich gestartet, da ja alle die aktuelle Uhrzeit auf dem Bildschirm vor sich haben. Ist eine kurze Kaffeepause geplant, schalten alle ihre Kamera ab und ihr Mikrofon auf stumm, um sich einen Kaffee zu holen oder um fix ein paar E-Mails zu beantworten. Ganz egal, was der Grund ist, zu Interaktionen mit Kolleginnen und Kollegen kommt es auf diese Weise nicht.

Es gibt eine Regel, die besagt, dass rund 20 Prozent für nicht fachlichen Austausch reserviert sein sollen. Im Unternehmens- und Büroalltag ergibt sich dies, wie die vorherigen Beispiele bereits zeigen, ganz automatisch, im virtuellen Raum hingegen nicht. Eine wesentliche Aufgabe in der Remote-Führung liegt damit also insbesondere darin, regelmäßig und ausreichend Raum und Möglichkeiten für (auch nicht fachlichen) Austausch zu schaffen, sei es im Arbeitsalltag insgesamt oder auch in jedem Meeting. Wie das aussehen kann, dafür teile ich mit Ihnen einige konkrete Ideen und Best-Practices in Abschnitt 3.1.2.

An dieser Stelle sei aber noch folgende Beobachtung festgehalten: Viele unserer Trainingsteilnehmenden berichten, dass es im Homeoffice noch schwieriger als gewöhnlich ist, den Austausch und Kontakt auch über die Team- und Abteilungsgrenzen hinweg aufrechtzuerhalten. Das trifft insbesondere auf Kolleginnen und Kollegen aus anderen Abteilungen oder Bereichen zu, mit denen sie keine direkten regelmäßigen Berührungspunkte haben, die sie aber sonst hier und da zufällig auf dem Flur oder in der Kantine treffen würden. Auch hierfür müssen Möglichkeiten und Raum geschaffen werden, um zu verhindern, dass sich Silos stärker ausprägen und Austausch und Zusammenhalt über Team- und Abteilungsgrenzen hinweg schwinden.

Es geht also darum, auch auf Distanz eine Nähe und Verbundenheit im Team bzw. im gesamten Unternehmen aufrechtzuerhalten.

Nur so können ein echtes Zugehörigkeitsgefühl, Teamspirit und ein fortbestehendes Vertrauen aufrechterhalten werden.

Höherer Arbeitseinsatz und weniger Pausen

In diesem Punkt besteht unter unseren Trainingsteilnehmenden in aller Regel ebenfalls Einigkeit: Wer remote arbeitet, der arbeitet gewöhnlich mehr. Entgegen des lang gehegten Vorurteils, dass das Homeoffice zum Faulenzen einlädt, machen die meisten Remote-Arbeitenden regelmäßig die Erfahrung, dass die Arbeitstage zu Hause deutlich länger und die Pausen rarer werden. Diese Erfahrung wird durch unterschiedliche wissenschaftliche Untersuchungen bestätigt: So kamen Wissenschaftlerinnen und Wissenschaftler der Universität Basel, die den Zusammenhang zwischen Homeoffice und Arbeitseinsatz untersuchten, zu dem Schluss, dass angestellte Führungskräfte wie auch Mitarbeitende, die von zu Hause arbeiten, durchschnittlich knapp 2,5 Stunden mehr pro Woche arbeiten als Beschäftigte ohne Homeoffice-Möglichkeit (Rupietta/Beckmann, 2016). Ein differenzierterer Blick auf die Ergebnisse zeigt ferner, dass das Ausmaß der Mehrarbeit umso stärker ausgeprägt ist, je häufiger die Beschäftigten von zu Hause arbeiten:

Wer täglich im Homeoffice arbeitet, arbeitet durchschnittlich ganze 6 Stunden mehr pro Woche als die Kolleginnen und Kollegen im Büro.

„Es ist demnach nicht mehr davon auszugehen, dass die Möglichkeit der Arbeit im Homeoffice die betroffenen Mitarbeiter dazu verleitet, ihren Arbeitseinsatz zurückzufahren", hält die Autorenschaft Rupietta/ Beckmann (2016) fest.

Im Gegenteil: Die Möglichkeit der Arbeit im Homeoffice verleitet Arbeitnehmende zu einem erhöhten Arbeitseinsatz. Und dies erfolgt zumeist auf Kosten von Pausen-, Ruhe- und Erholungszeiten, wie mir Trainingsteilnehmende immer wieder berichten. Mit dieser Erkenntnis gerät ein zuvor thematisierter Vorteil der Remote-Arbeit, und zwar die oftmals angeführte bessere Work-Life-Balance, deutlich ins Wanken. Eigentlich sollen durch die Homeoffice-Möglichkeiten doch zeitliche Ressourcen frei werden und sich das allgemeine Wohlbefinden verbessern. So zumindest die Theorie. In der Praxis scheint jedoch oftmals Gegenteiliges der Fall zu sein. Wer sich selbst bzw. andere im Homeoffice führt, der sollte sich dieser Gegebenheit bewusst sein, um ihr ebenso bewusst entgegenwirken zu können.

Das ist insbesondere von Bedeutung, um auch langfristig die Leistungsfähigkeit und Gesundheit aufrechtzuerhalten. Hierfür sind klare Pausen- und Erholungsphasen unabdingbar. Sportlerinnen und Sportler kennen das unter dem Begriff der Superkompensation: „Pausen erhöhen die Leistungsfähigkeit. Sind wir sportlich aktiv, verbrauchen wir Energie. Der Körper wird dadurch aus seinem Gleichgewicht gebracht und ermüdet. In der Pause nach dem Training füllt er seine Energiereserven wieder auf. Am Ende der Pause ist er leistungsfähiger als vor dem Training." (Techniker Krankenkasse, 2020). Mit unserem Gehirn und unserer psychischen Leistungsfähigkeit verhält es sich genauso: Nur wer ausreichend und regelmäßig erholsame Pausen macht, bleibt langfristig leistungsfähig.

Im Büro gibt es viele äußere Umstände, die uns an Pausen oder an den Feierabend erinnern, während dies im Homeoffice deutlich seltener der Fall ist. Hier verschwimmen die Grenzen. Dies führt nicht selten dazu, dass sich nach einer anfänglichen Euphorie über die neuen Möglichkeiten, die das Arbeiten im Homeoffice bietet, ein merkbarer Ermüdungs- und Erschöpfungszustand einstellt. Beschäftigte fühlen sich ausgelaugt. Wer sich und sein Team auch über einen längeren Zeitraum im Homeoffice leistungsfähig halten möchte, sollte sich dieser Gegebenheit bewusst sein und ihr entsprechend frühzeitig entgegenwirken.

Fehlende Anerkennung und Selbstzweifel

Dieser Punkt wird von Führungskräften in unseren Trainings tatsächlich nur selten angeführt, während verschiedene Studien diesen immer wieder deutlich in den Fokus rücken. Erinnern Sie sich hier noch einmal an die Studie der Universität Stanford (Bloom et al., 2015): Trotz erkannter Vorteile und positiver Erfahrungen wollte ein Großteil der temporär remote arbeitenden Beschäftigten nach den neun Monaten nicht weiter von zu Hause arbeiten. Den am häufigsten genannten Grund, fehlende Kontakt zu Kolleginnen und Kollegen, habe ich bereits mit Ihnen geteilt.

Hätten Sie gedacht, dass der am zweithäufigsten genannte Grund die fehlende Rückmeldung für geleistete Arbeit durch Kolleginnen, Kollegen und Vorgesetzte war? Dies könnte, so die teilnehmenden Beschäftigten, möglicherweise langfristig dafür sorgen, dass sie bei Beförderungen nicht berücksichtigt würden, da sie trotz guter Arbeit weniger präsent in den

Köpfen der Entscheiderinnen und Entscheider wären. Zudem, und da ist sich die Wissenschaft einig, ist die regelmäßige Rückmeldung für geleistete Arbeit ein zentraler Motivator für den Menschen – und zwar in vielerlei Hinsicht.

Diese zunehmende „Unsichtbarkeit" im Homeoffice, die Beschäftigte erfahren, ist eine Gefahr, die zu Beginn häufig nicht wahrgenommen oder unterschätzt wird.

Remote-Mitarbeitende verschwinden aus dem unmittelbaren Blickfeld von Kolleginnen, Kollegen und Vorgesetzten. Anerkennung und Rückmeldungen, die im Büro sonst unmittelbar erfolgen würden, bleiben aus. Wer die Motivation, Zufriedenheit und damit einhergehend natürlich auch die Leistungsfähigkeit seiner Remote-Arbeitenden auf Dauer aufrechterhalten möchte, sollte sich dieser Erkenntnis bewusst sein und ihr entsprechend entgegenwirken.

An dieser Stelle sei abschließend noch einmal auf die Ergebnisse der Befragung der AOK-Gesundheitskasse verwiesen (WIdO, 2019). Hier wurden im Frühjahr 2019 etwa 2.000 Beschäftigte zwischen 16 und 65 Jahren zu den wahrgenommenen Vor- und Nachteilen der Arbeit im Homeoffice befragt. Neben vielen klaren Vorteilen zeichnen sich in den Befragungsergebnissen insbesondere stärkere psychische Belastungen durch die Arbeit im Homeoffice ab. Besonders auffallend sind die erhöhten Selbstzweifel, von denen die remote arbeitenden Mitarbeitenden gegenüber den im Betrieb arbeitenden Beschäftigten berichten (46,5 vs. 33,8 Prozent). Auch dies kann auf fehlende Rückmeldungen zurückzuführen sein.

Eine Frage der Persönlichkeit und der Selbstdisziplin

Ergänzt, oder sagen wir erweitert, wird diese Herausforderung häufig dadurch, dass Führungskräfte immer wieder anführen, auf Distanz sei es deutlich schwieriger, den Mitarbeitenden regelmäßig Rückmeldung zu ihrer Arbeit zu geben. Schließlich bekomme man von ihnen ja viel weniger mit. Wie wir sehen, bringt die Möglichkeit des Remote-Arbeitens also einige neue Chancen und Möglichkeiten mit sich, zugleich allerdings auch neue Schwierigkeiten und Herausforderungen, die es zu bewältigen gilt. Häufig handelt es sich hierbei, wie eingangs verbildlicht, um zwei Seiten derselben Medaille. Und auf welche Seite diese Medaille schlussendlich fällt, ob also die Chancen oder die Schwierigkeiten überwiegen, hängt dabei in großen Teilen auch von der Persönlichkeit jedes einzelnen Mitarbeiters und jeder einzelnen Mitarbeiterin ab: von ihrer Selbstdisziplin, ihrer Eigenmotivation und ihren jeweiligen persönlichen Präferenzen.

So können die häufig angeführten höheren Freiheiten und die Flexibilität in der Arbeitsgestaltung ebenso wie die wegfallenden Fahrtzeiten, die die Möglichkeit des Remote-Arbeitens mit sich bringen, zu einer erhöhten Arbeitszufriedenheit und weniger wahrgenommenem Stress unter den Arbeitnehmenden führen, wie Studien und Erfahrungsberichte zeigen (vgl. z. B. DAK-Gesundheit, 2020). Aufgrund der zunehmend verschwimmenden Grenzen zwischen Berufs- und Privatleben können diese höheren Freiheiten und die erhöhte Flexibilität aber auch dazu führen, dass die Beschäftigten von zu Hause aus mehr arbeiten (s. o.), schlechter abschalten können und infolgedessen bald schon ernst zu nehmende Erschöpfungssymptome zeigen (vgl. z. B. WIdO, 2019). Außerdem können die verschwimmenden Grenzen unter Umständen dazu führen, dass die Beschäftigten im Homeoffice ineffizienter arbeiten. Wenn es zum Beispiel keine feste Zeit gibt, zu der man das Bürogebäude verlassen muss, sondern wenn man vielmehr auch bis in den Abend hinein arbeiten kann, ist es möglich, dass die Aufgaben weniger fokussiert und effizient abgearbeitet werden. „Arbeit dehnt sich genau in dem Maße aus, wie Zeit zur Erledigung zur Verfügung steht", so besagt es das Parkinsonsche Gesetz zum Bürokratiewachstum, das bereits 1955 erstmals veröffentlicht wurde (Parkinson, 2001). Und vielleicht konnten Sie diesen Effekt bei sich selbst auch schon einmal beobachten: Wenn Ihnen insgesamt viel Zeit zur Bearbeitung der Aufgabe bleibt, dann brauchen Sie diese sicherlich auch, während Sie sich wundern, wie schnell Sie diese Aufgabe verrichten können, wenn Ihnen (nur noch) wenig Zeit hierfür bleibt. Hinzu kommt, dass in den eigenen vier Wänden eine Vielzahl von Ablenkungen und Störungen lauern, etwa die Wäsche, die schnell mal nebenbei gemacht werden kann.

Nicht umgeben oder „beobachtet" von Kolleginnen, Kollegen bzw. der Führungskraft erleben wir, wenn auch unbewusst, weniger Anreize, Kontrolle und Verbindlichkeit.

Um dennoch effektiv zu arbeiten und von den Freiheiten auch profitieren zu können, braucht es folglich ein hohes Maß an Selbstdisziplin und viel Eigenmotivation. Und darin können sich Ihre Mitarbeitenden durchaus stark voneinander unterscheiden.

Unter Kolleginnen und Kollegen zu sein, ist für einige Beschäftigte auch persönlichkeitsbedingt sehr wichtig. In unserer Persönlichkeit unterscheiden wir Menschen uns zum Beispiel darin, ob wir eine eher nach innen gerichtete Haltung (Introversion) oder eine eher nach außen gerichtete Haltung (Extraversion) haben. Es handelt sich hierbei um zwei entgegengesetzte Pole einer Persönlichkeitseigenschaft, die erstmalig 1921 von Carl G. Jung in seiner Typenlehre beschrieben wurde (Jung, 1960). Eine nach innen gerichtete Haltung ist dabei unter anderem dadurch gekennzeichnet, dass Menschen die Stille und das Alleinsein schätzen und genau daraus auch ihre Energie und Ideen ziehen. Sie schätzen es, für sich zu sein und bevorzugen ruhigere Orte, zum Beispiel die eigene Wohnung, Bibliotheken oder Wälder. Wenn sie alleine sind, arbeiten sie viel konzentrierter und erfolgreicher. Im Gegensatz dazu schätzen Menschen mit einer nach außen gerichteten Haltung den Austausch und das Zusammensein mit anderen. Sie empfinden dies als anregend und brauchen immer etwas Grundrauschen und Hektik um sich herum, um produktiv und leistungsfähig zu sein. Die Stille und das Alleinsein, die das Homeoffice oftmals mit sich bringt, führen hingegen dazu, dass sie sich unmotiviert und energielos fühlen.

Je nachdem also, ob die jeweilige Mitarbeiterin oder der jeweilige Mitarbeiter eher introvertiert oder extrovertiert ist, kann das Homeoffice für sie/ihn eher ein Segen oder eher ein Fluch sein.

> vgl.
Abschnitt
3.1.1

Gleichzeitig, und das sei an dieser Stelle unbedingt ergänzt, gehen eher introvertierte Mitarbeitende, die remote arbeiten, im Team auch schneller unter. Sie ziehen sich zurück und suchen von sich aus seltener den Kontakt zu Kolleginnen und Kollegen. In Meetings nehmen sie eher die beobachtende Rolle ein und erheben selten ihre Stimme. Infolgedessen besteht hier auch die Gefahr, dass sie von den Kolleginnen und Kollegen nicht gesehen bzw. wahrgenommen werden. Das wirkt sich auf das Teamgefühl aus. Als Führungskraft sollten Sie hierauf achten und Maßnahmen ergreifen, um dem entgegenzuwirken.

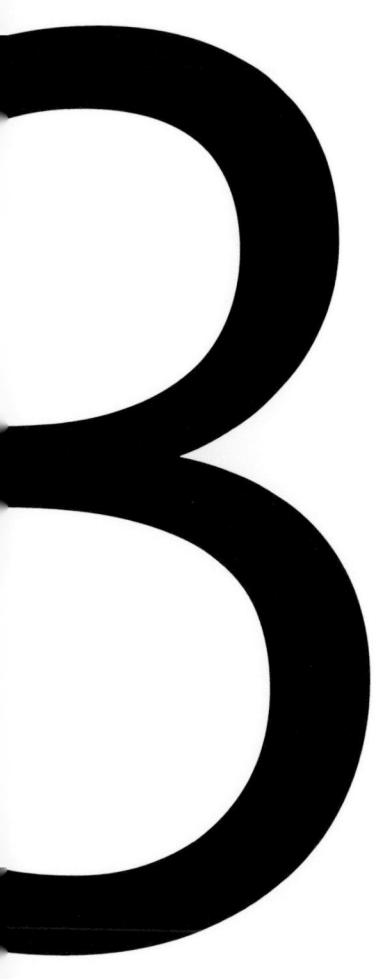

Remote führen
ist Führung

In diesem Abschnitt möchte ich mit Ihnen nun gemeinsam darauf schauen, was nötig ist, um einzelne Mitarbeitende oder gar das gesamte Team erfolgreich auf Distanz zu führen. Was braucht es, um langfristig erfolgreich, sprich, produktiv, motiviert und gesund, auf Distanz zusammenzuarbeiten?

Eine Auseinandersetzung mit den Möglichkeiten und Herausforderungen, die das Zusammenarbeiten auf Distanz mit sich bringt, wie in Abschnitt 2 beschrieben, ist sicherlich eine erste wichtige Voraussetzung, um diese dann bewusst und frühzeitig im eigenen Führungshandeln berücksichtigen zu können.

Letztendlich gilt zunächst aber auch der folgende Grundsatz: Remote-Führung ist Führung. Mit diesem Grundsatz starte ich gerne in meine Trainings, um eine erste Diskussion anzuregen, aber insbesondere auch, um zu verdeutlichen, dass die zentralen Führungsaufgaben auch auf Distanz bzw. im virtuellen Raum fortbestehen. Remote-Führung ist also erst einmal nichts grundlegend anderes. Führungskräfte übernehmen weiterhin Verantwortung, gegenüber dem Unternehmen ebenso wie gegenüber ihren Mitarbeitenden. Es ist ihre Aufgabe, die Leistungserbringung ihrer Mitarbeitenden sicherzustellen, ihnen Orientierung und Feedback zu geben, sie zu motivieren und zu befähigen. Allerdings, und deshalb lohnt es sich durchaus, das Thema Remote Leadership einmal explizit zu beleuchten, sind der persönliche Kontakt und die Möglichkeiten, die Mitarbeitenden zu begleiten, stark reduziert.

Es fehlt an Unmittelbarkeit und Spontaneität in der Zusammenarbeit, die scheinbar vieles einfacher machen.

Infolgedessen muss Führung remote insgesamt nicht grundlegend anders, aber doch deutlich expliziter, bewusster, aktiver und konsequenter erbracht werden.

Der Fokus liegt hierbei auf Klarheit und einem intensiven Austausch vor dem Hintergrund der fehlenden Unmittelbarkeit. Und so kann Remote-Führung von Mitarbeitenden, zumindest anfänglich, als herausfordernder, anstrengender und zeitintensiver empfunden werden.

3.1 | Drei Erfolgsfaktoren für erfolgreiches Remote Leadership

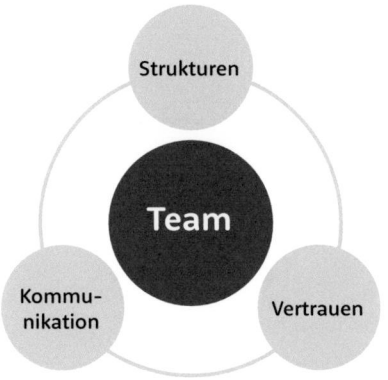

Abbildung 1: Die drei Wege erfolgreicher Remote-Führung.

Vereint man die verschiedenen Maßnahmen, die es zu ergreifen gilt, um den Herausforderungen der Zusammenarbeit auf Distanz zu begegnen, so lassen sich diese unter drei wesentlichen Ansatzpunkten bzw. Erfolgsfaktoren zusammenfassen (vgl. Abbildung 1).

3.1.1 | Strukturen – Spielen Sie nicht Verkehrspolizei

Remote-Führung erfolgt über Strukturen

Zum Einstieg in diesen zentralen Erfolgsfaktor möchte ich Sie auf ein kleines Gedankenexperiment einladen. Ich lade Sie ein, gedanklich einmal mit mir hinaus vor die Tür und zu der nächsten viel befahrenen Kreuzung zu gehen. Lassen Sie uns hier einen Moment stehen bleiben und vom Straßenrand aus beobachten, wie der Verkehr geregelt wird. Wie werden Konflikte, Unfälle oder auch lange Staus verhindert? Und woher weiß jeder einzelne Verkehrsteilnehmer und jede einzelne Verkehrsteilnehmerin, wo es hier langgeht? – Vielleicht kommen Ihnen als Antwort auf meine Frage spontan die folgenden Dinge in den Kopf: die Straßenverkehrsordnung, Ampeln, Schilder oder Fahrbahnmarkierungen.

Stellen Sie sich nun bitte vor, dass anstelle dieser Kreuzung vor Ihnen nun eine grüne Wiese liegen würde. Keine Spur also von geteerten oder markierten Straßen, geschweige denn von Ampeln oder

Verkehrsschildern. Lediglich all die Autos, die gerade noch an der großen Kreuzung unterwegs waren, finden sich auch in diesem zweiten Szenario wieder. Nun wieder die Frage an Sie: Wer oder was regelt hier das Vorwärtskommen der einzelnen Verkehrsteilnehmerinnen und -teilnehmer? Wodurch wird sichergestellt, dass sie alle unfallfrei und schnell an ihr Ziel kommen? Woher weiß jede und jeder von ihnen überhaupt, wo es langgeht? Wenn alle Verkehrsteilnehmenden sich an bestimmte, bereits verinnerlichte Regeln halten, zum Beispiel „rechts vor links", könnte das schon sehr hilfreich sein. Ansonsten wird das Vorwärtskommen im zweiten Szenario wahrscheinlich deutlich chaotischer und somit auch schwieriger sein. Es fehlt an Führung. Es herrscht ein sogenanntes „Führungsvakuum". Es gibt keine klaren Regeln und Vorgaben, an denen sich alle orientieren können bzw. müssen. Vielmehr müssen sich alle hier zunächst alleine, sowie dann auch abgestimmt mit den anderen, zurechtfinden. Es muss aufgepasst, beobachtet und ausprobiert werden. Und nicht selten sind Verärgerung, Ineffizienz und eine schnellere Erschöpfung die Folge. Um dem zu entgegnen, könnte hier zum Beispiel die Verkehrspolizei sehr hilfreich sein, die Vorfahrten gewährt, Richtungen weist und somit den Verkehr regelt bzw. führt.

Was hat das jetzt konkret mit Remote-Führung oder mit der (Zusammen-)Arbeit aus dem Homeoffice heraus zu tun? – Nun ja, als im Frühjahr 2020, also mit Beginn der Coronapandemie, die Arbeitsplätze von tausenden Menschen quasi über Nacht in die eigenen vier Wände verlegt wurden, machten viele von ihnen eine ähnliche Erfahrung: War die Zusammenarbeit im Büroalltag bis gestern noch klar durch eine Vielzahl von sowohl ausgesprochenen als auch unausgesprochenen Gegebenheiten und Prozessen geregelt, fehlten diese nun völlig. Beispiele hierfür sind der fest eingerichtete Arbeitsplatz, die gemeinsame Kaffee- oder Mittagspause oder auch sonstige, fest eingespielte Tages- und Arbeitsabläufe, die plötzlich verschwunden waren. Auch der Weg zum Kollegen ins Nachbarbüro, etwa um sich eine Unterschrift abzuholen, oder der morgendliche Austausch mit den Kolleginnen im Großraumbüro, formell wie informell, war nicht mehr gegeben. Dies sind nur einige Beispiele. Sicherlich fallen Ihnen hier noch viele weitere Gegebenheiten ein, die die Zusammenarbeit in Ihrem Team regeln, die diese effizienter machen und weniger Raum für Konflikte lassen – etwa wie die führenden Strukturen im Straßenverkehr.

Viele Beschäftigte fanden sich also plötzlich in einer Art „Führungsvakuum" wieder, geprägt durch viele Unklarheiten und Fragen dahin gehend, wie es sich von zu Hause aus überhaupt arbeiten lässt.

Es fehlte an Vorgaben und Erfahrungen: Was darf ich im Homeoffice und was nicht? Was wird von mir erwartet? Wie komme ich an relevante Informationen? Wie erreiche ich meine Kolleginnen und Kollegen? Was mache ich, wenn ich Fragen oder Schwierigkeiten habe? Woher weiß ich, woran meine Kolleginnen und

Kollegen gerade sitzen? Wie vermeiden wir Doppelarbeiten? Die Situation ist vergleichbar mit dem oben beschriebenen Szenario der grünen Wiese.

Führungskräfte waren und sind in solchen Zeiten folglich stark gefragt, die Rolle der Verkehrspolizei einzunehmen, die Richtungen und Wege aufgezeigt, bzw. Orientierung gibt, um eine möglichst reibungslose Zusammenarbeit aus dem Homeoffice heraus zu gewährleisten. Dies sollte aber kein Dauerzustand sein. Vielmehr sollten mit der Zeit neue, **handlungsleitende Strukturen** etabliert werden, die eine langfristig erfolgreiche Zusammenarbeit auf Distanz unterstützen und entsprechend von allen gelebt werden.

> vgl. Abschnitt 2.2

Hinzu kommt, dass die Unmittelbarkeit im gegenseitigen Miteinander auf Distanz deutlich eingeschränkt ist. Wir sehen nicht, was die anderen tun. Es erfordert mindestens den Griff zum Hörer, um ihnen mal eben etwas zuzurufen. Umso wichtiger ist es, dass es klare Strukturen gibt, also geregelte Abläufe, die Orientierung bieten und, analog zum obigen Beispiel reibungslose Abläufe und Austausch ermöglichen sowie Konflikte verhindern. Es braucht klare Regeln und Absprachen, die mit der Zeit verinnerlicht werden.

Schaffen Sie Transparenz und Klarheit

> vgl. Abschnitt 2.2

Um Missverständnissen und Verstimmungen vorzubeugen, die aufgrund der physischen Distanz und der damit einhergehenden fehlenden gegenseitigen Wahrnehmung der Teammitglieder entstehen können, braucht es von Beginn an klare Absprachen und geregelte Vereinbarungen zu verschiedenen Aspekten der Zusammenarbeit.

Erreich- und Verfügbarkeiten

> vgl. Abschnitt 2.1

Eine höhere Flexibilität sowie ein konzentrierteres, ungestörteres Arbeiten sind häufig genannte Vorteile der Remote-Arbeit. Es mag zunächst widersprüchlich klingen, doch auf Dauer funktioniert beides in der Zusammenarbeit mit anderen nur dann, wenn es klare Absprachen über die Erreich- und Verfügbarkeiten gibt: Wann kann die Kollegin oder der Kollege mich erreichen? Wann bin ich zur Pause? Wann bin ich in einer konzentrierten Arbeitsphase oder in einem längeren Geschäftstermin? Und wann verabschiede ich mich in den Feierabend? – Säße die Kollegin oder der Kollege mit mir in ein und demselben Büro, bekäme sie/er das unmittelbar mit. Auf Distanz tut sie/er das aber nicht und ist vielleicht schon leicht verärgert, weil sie/er heute bereits zum vierten Mal erfolglos versucht hat, mich zu erreichen. Wenn diese Person wüsste, warum sie mich gerade nicht erreicht und wann ich wieder verfügbar bin, dann würde das der Entstehung von Missverständnissen und Verstimmungen sicherlich vorbeugen. Es gibt unterschiedliche Möglichkeiten, um hier für eine entsprechende Transparenz zu sorgen. Nachfolgend nun einige Beispiele:

Morgendlicher Check-In

Insbesondere dann, wenn es keine festen Arbeitszeiten gibt, kann ein morgendlicher Check-In eine erste gute Auskunft darüber geben, welche Kolleginnen und Kollegen bereits online sind. Dies kann zum Beispiel über eine Chat-Gruppe erfolgen: etwa durch ein „Guten Morgen", das die Mitarbeitenden zu Beginn ihrer Arbeitszeit in den Chat schreiben. Weiter ausdehnen lässt sich dies natürlich durch ein „Bin zur Pause" oder ein „Mache Feierabend". Folgendes gilt es hierbei zu beachten: So ein Chat kann schnell unübersichtlich werden. Deshalb empfiehlt sich diese Maßnahme vor allem bei kleineren Teams (< 5 Mitarbeitende). Zudem ist darauf zu achten, dass dieser Chat wirklich ausschließlich für Check-Ins sowie gegebenenfalls auch für Check-Outs verwendet wird, ebenfalls aus Gründen der Übersichtlichkeit. Von guten Wünschen zum Feierabend oder andere Reaktionen sollte vor diesem Hintergrund abgesehen werden, zumindest in diesem Chat.

Status

Bei vielen gängigen Videoplattformen ist es möglich, sich einen Status einzurichten, der Auskunft über die Verfügbarkeit gibt. Dieser Status kann dann zum Beispiel anzeigen, ob eine Person sich gerade in einem Geschäftstermin oder in einer konzentrierten Arbeitsphase befindet und aktuell nicht gestört werden möchte.

Folgendes gilt es hierbei zu beachten: Die Arbeit mit dem Status funktioniert nur dann, wenn alle ihren Status pflegen und den Status der anderen auch beachten, bevor sie zum Beispiel zum Hörer greifen. Gerade zu Beginn wird es erforderlich sein, die Mitarbeitenden immer wieder daran zu erinnern, ihren Status entsprechend anzupassen und konsequent zu nutzen, bis sich eine Routine eingespielt hat.

Offene Kalender

Für noch mehr Transparenz sorgen schließlich öffentliche, das heißt für alle einsehbare Kalender. So können die Kolleginnen und Kollegen untereinander direkt nachsehen, in welchem Termin sich die anderen gerade befinden.

Folgendes gilt es hierbei zu beachten: Damit diese Maßnahme ihren Zweck erfüllt und zum Beispiel auch Auskunft über die jeweiligen Pausen- und Fokuszeiten der Mitarbeitenden gibt, müssen diese auch explizit in den Kalender eingetragen werden.

Alle diese Maßnahmen funktionieren jeweils nur dann, wenn sich wirklich alle Teammitglieder konsequent daran halten, also zum Beispiel ihren Status oder ihren Kalender sauber pflegen. Haben Sie sich mit Ihrem Team auf eine Maßnahme geeinigt, sollten Sie als Führungskraft insbesondere zu Beginn ein gutes Auge auf die Einhaltung haben. Wenn Sie Nichteinhaltungen bemerken, sollten Sie die Mitarbeiterin bzw. den Mitarbeiter unmittelbar darauf ansprechen. Nur so kann sich hier langfristig eine gemeinsame Routine entwickeln, die Transparenz und Klarheit schafft.

Zudem ist es sehr wichtig, hier von Beginn an sicherzustellen, dass die Mitarbeitenden die jeweilige Maßnahme nicht als Kontrolle empfinden und sich infolgedessen ein allgemeines Misstrauen im Team entwickelt. Das gilt im Übrigen auch für alle nachfolgenden Maßnahmen in diesem Abschnitt. Die

Mitarbeitenden müssen verstehen, welchen Mehrwert diese Maßnahme auch für sie persönlich bringt. Das müssen Sie als Führungskraft bei der Einführung dieser Maßnahme klar hervorheben und begründet verdeutlichen.

Viele unserer Trainingsteilnehmenden berichten von guten Erfahrungen, die sie mit einer der drei oben genannten Maßnahmen in ihrem Team gemacht haben. Schwieriger wird es für viele dann, wenn es über die Grenzen des eigenen Teams hinausgeht. Im besten Fall kann die Kommunikation über den Status auch über die Grenzen des Teams hinaus angewendet werden. Es kann hilfreich sein, die Kolleginnen und Kollegen aus dem Nachbarteam, mit dem viel zusammengearbeitet wird, für eine reibungslose Zusammenarbeit entsprechend zu instruieren und zu motivieren.

Reaktionszeiten und Kommunikationskanäle

Remote-Teams haben in aller Regel mehrere Medien und folglich auch mehrere Kanäle im Einsatz, über die sie kommunizieren: via E-Mail, Telefon, Chat, Video-Call, Chat-Funktion der Videoplattform, Google Docs etc. In erster Linie bringt diese Vielfalt einen guten Mehrwert für das remote arbeitende Team, eben weil sich jedes Medium für einen bestimmten Zweck optimal eignet und hier auch gewisse Vorteile mit sich bringt. Allerdings kann die Vielfalt auch zu Verwirrungen, Ineffizienz und Frustration in der Zusammenarbeit führen – und zwar insbesondere dann, wenn unter den Kolleginnen und Kollegen nicht sauber abgestimmt ist, über welches Medium welche Anliegen und Informationen geteilt werden und wann worauf zurückgegriffen wird.

> vgl. Abschnitt 2.2

Fehlen dahin gehende Absprachen und Regeln, kann das unter anderem dazu führen, dass wichtige Informationen verloren gehen bzw. nicht mehr auffindbar sind, dass dringende Anfragen, die per E-Mail gestellt wurden, lange nicht beantwortet werden oder dass bei jeder Kleinigkeit zum Hörer gegriffen wird und ein konzentriertes Arbeiten bald schon nicht mehr möglich ist.

Es gibt hier keine allgemeingültige Regel. Vielmehr sollten sich die Teamkolleginnen und -kollegen dahin gehend abstimmen, unter welchen Gegebenheiten sie zum Beispiel eher zum Hörer greifen und wann sie ihr Anliegen in einer E-Mail niederschreiben, wann und wofür sie den Chat nutzen und unter welchen Gegebenheiten sie einen Video-Call aufsetzen.

Es sollte klare Absprachen dahin gehend geben, worüber welche Anliegen sowie auch welche Informationen geteilt werden.

Es empfiehlt sich, hierfür im Team gewisse Szenarien durchzusprechen, um auf diese Weise gemeinsam ein Gefühl dafür zu entwickeln, welche Medien welchen Zweck erfüllen.

Kriterien, die für die Auswahl des geeigneten Mediums relevant werden, sind sicherlich die Dringlichkeit und die Wichtigkeit des Anliegens oder der Information. Entsprechend gilt es auch Absprachen dahin gehend zu treffen, welche Reaktionszeiten, sprich welche Lese- und Antwortzeiten mit dem jeweiligen Medium verknüpft sind und von den Kolleginnen und Kollegen im Team erwartet werden. Es sollte zum Beispiel ein einheitliches Verständnis darüber herrschen, wie regelmäßig die E-Mail-Postfächer gecheckt werden: Ist es erforderlich, diese ständig im Auge zu behalten, um auch unmittelbar reagieren zu können, oder reicht es aus, nur zweimal am Tag hineinzuschauen, da die wirklich dringlichen Themen über einen anderen Kanal geteilt werden?

Ein weiteres Kriterium, das bei der Auswahl des geeigneten Mediums eine Rolle spielen sollte, ist die Komplexität des Sachverhalts. Wie vielschichtig oder vieldeutig ist der Inhalt? Wie schnell können Unklarheiten oder Missverständnisse entstehen? Dieses Kriterium wird in der Media Richness Theory, zu Deutsch „Medienreichhaltigkeitstheorie", aufgegriffen (Lengel/Draft, 1988). Die Theorie besagt, dass effektive Kommunikation dann stattfindet, wenn proportional zur Komplexität des Sachverhalts auch die

> vgl.
Abbildung 2

Reichhaltigkeit des Mediums ansteigt. Je schwieriger es ist, den Sachverhalt eindeutig und zuverlässig zu vermitteln, und je mehr Emotionen damit einhergehen, desto reichhaltiger sollte das Medium sein. Die Reichhaltigkeit eines Mediums gibt dabei dessen Potenzial an, die Mehrdeutigkeit bei einer Kommunikation zu reduzieren. Gemessen wird die Reichhaltigkeit zum Beispiel an der Anzahl der Ebenen, auf denen kommuniziert wird, wie persönlich und direkt die Kommunikation ist und wie unmittelbar infolgedessen Feedback erfolgt. Komplexe Sachverhalte lassen sich demnach also besser in der Face-to-Face-Kommunikation klären, einfache und unmissverständliche Sachverhalte hingegen via E-Mail oder Chat.

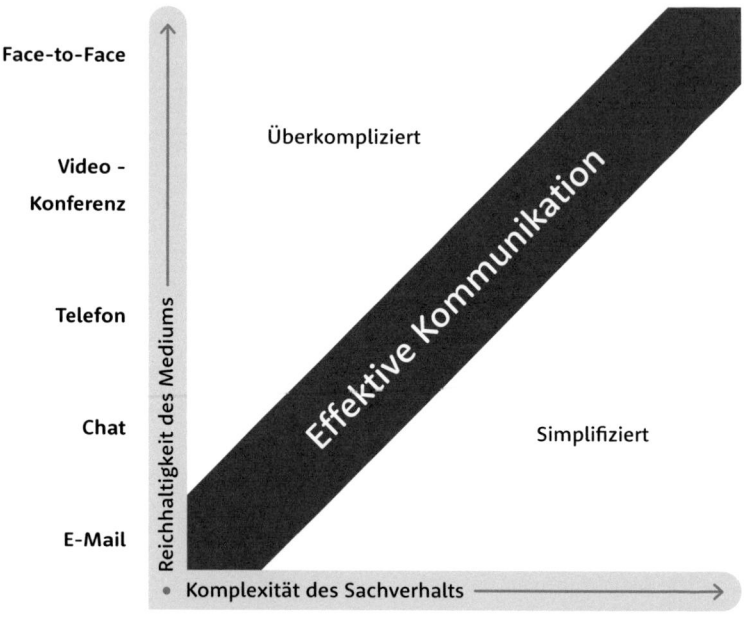

Abbildung 2: „Media Richness Theory" - Kommunikationskanäle richtig nutzen (adaptiert nach Reichwald et al., 1998).

Verantwortlichkeiten

Für eine reibungslose Zusammenarbeit im Team ist es zudem wichtig, dass die Aufgaben- und Verantwortungsbereiche der einzelnen Mitglieder untereinander bekannt sind. Jede und jeder im Team sollte wissen, wer bei einer bestimmten Aufgabe oder Frage am besten ansprechbar ist. Wenn alle Mitarbeitenden an ein und demselben Ort arbeiten, bekommen sie leicht und regelmäßig mit, was die Kolleginnen und Kollegen gerade bzw. den ganzen lieben langen Tag so tun, sprich, mit welchen Themen, Aufgaben, Kundinnen und Kunden sie sich beschäftigen. Sitzen sie hingegen einige Kilometer entfernt voneinander, bekommen sie dies nicht unmittelbar mit. Nicht zu wissen, was die anderen im Team eigentlich machen, wirkt sich negativ auf das Wirgefühl aus und kann Konfliktpotenzial bergen. Vor diesem Hintergrund sollten Sie als Führungskraft für Ihr Remote-Team Raum und Möglichkeiten schaffen, damit alle regelmäßig von den jeweils aktuellen Themen, Aufgaben oder Projekten berichten können.

Stand-Ups

Eine Möglichkeit, dies zu realisieren, bieten virtuelle Stand-up-Meetings Das sind kurze, regelmäßige Zusammenkünfte, in denen jedes Teammitglied kurz berichtet, welche Aufgaben bei ihm für heute oder für die bevorstehende Woche jeweils anstehen – je nachdem eben, wie häufig diese Meetings durchgeführt werden. Es gibt Teams, die sich täglich zu einem Stand-Up treffen, andere Teams führen ein solches Stand-Up nur einmal wöchentlich durch. Auch ein Stand-Up zum Ende der Woche hin kann sehr sinnvoll sein. Hier können die Mitarbeitenden rückblickend berichten, woran sie in dieser Woche gearbeitet haben. Solche Meetings bringen weitere Vorteile mit sich: Die Teammitglieder können sich untereinander besser abstimmen und gegenseitig unterstützen, wenn entsprechender Bedarf deutlich wird.

Team-Boards

Eine weitere Möglichkeit, um Transparenz über die Themen und Aufgaben aller Teammitglieder zu schaffen, bieten virtuelle Team- oder auch Kanban-Boards. Hierbei handelt es sich um Online-Tools, die es den Mitarbeitenden ermöglichen, ihre Aufgaben auf kleinen Post-Its an einem virtuellen Board zu visualisieren. Durch Positionierung des Post-Its auf dem Board kann zudem der aktuelle Bearbeitungsstand angezeigt werden.

Meeting-Regeln

Damit Online-Meetings wirklich effizient und zu einer guten Zufriedenheit aller Teilnehmenden verlaufen, sollte es auch hier einige klare Regeln und Absprachen im Team geben. Erfahrenen Videokonferenzteilnehmenden mögen einige der folgenden, ausgewählten Tipps banal erscheinen, doch die Erfahrung zeigt, dass auch scheinbar Selbstverständliches gerne vergessen wird.

Technik-Check im Vorfeld

Die Teilnehmenden sollten sich frühzeitig einloggen, um gegebenenfalls im Vorfeld noch einmal die Kamera und das Mikrofon zu testen bzw. um nicht in letzter Minute von einem Update überrascht zu werden. Mit Beginn des Meetings sollte die Technik funktionieren. Es sollte pünktlich gestartet werden.

Kameranutzung

Es sollte für jedes Meeting eine klare Vereinbarung darüber geben, ob Webkameras eingeschaltet werden – und dann sollte das auch für alle Teilnehmenden gelten. Wer keine Laptop-Kamera hat, findet vielleicht eine Möglichkeit, sich zusätzlich mit seinem Handy einzuloggen und dessen Kamera zu nutzen.

Mit Namen melden

Gerade in größeren Runden ist es schwieriger bis schier unmöglich, Beiträge aufgrund der Stimme zuzuordnen. Hier hilft es, wenn Teilnehmende zunächst ihren Namen nennen, bevor sie ihren Beitrag teilen.

Muten

Um Hintergrund- und Störgeräusche zu vermeiden, sollten sich sämtliche Teilnehmenden, die gerade nicht sprechen, stummschalten.

Zu Wort melden

Durch die sehr eingeschränkte gegenseitige Wahrnehmung im virtuellen Raum kann es öfters passieren, dass mehrere Teilnehmende gleichzeitig zu reden beginnen. Um dem entgegenzuwirken, kann die Funktion „Hand heben", die es mittlerweile bei allen gängigen Videoplattformen gibt, zum Einsatz kommen. Wenn man etwas sagen möchte, hebt man zunächst die virtuelle Hand. Die Moderatorin bzw. der Moderator ruft die Teilnehmenden dann nach und nach auf.

Moderatorin bzw. Moderator

Analog zu Offline-Meetings brauchen auch virtuelle Meetings eine Moderation. Benennen Sie frühzeitig eine Moderatorin oder einen Moderator, sodass diese Person das Meeting rechtzeitig vorbereiten und vorab eine Agenda verschicken kann. Das gibt dem Meeting Struktur und Fokus. Aufgabe der Moderatorin bzw. des Moderators sollte es auch sein, ruhigere Kolleginnen und Kollegen namentlich anzusprechen und ihnen ebenfalls Raum zu geben. Es kann durchaus sinnvoll sein, die Rolle der Moderatorin bzw. des Moderators über die Meetings hinweg rotieren zu lassen. Es müssen beispielsweise nicht immer Sie als Führungskraft die Moderation übernehmen. So kommt Abwechslung ins Spiel und die Verantwortung wird geteilt.

Kein Multitasking

Im virtuellen Raum neigen wir noch stärker dazu, etwas anderes nebenher zu machen: Es wird schon niemand mitbekommen, wenn ich mal eben fix die E-Mails checke. Oder wenn ich kurz das Video ausschalte und nebenbei die Wäsche abhänge. Es sollte eine klare Vereinbarung zwischen den Teilnehmenden geben, dass tatsächlich alle dem Meeting ihre volle Aufmerksamkeit widmen und Nebenbeitätigkeiten tabu sind. Das ist eine Frage von Fairness, Respekt und Commitment. Nichteinhaltungen sollten angesprochen werden – das gilt im Übrigen natürlich auch für alle vorherigen Punkte.

Meeting-Zeiten

Gewöhnlich werden Meetings auf 60 Minuten angelegt. Das passiert zumeist automatisch. Aber warum eigentlich genau 60 Minuten? Vielleicht deswegen, weil alle es so machen oder weil Outlook das standardmäßig so vorschlägt? Die 60 Minuten werden sicherlich gut gefüllt werden können – nicht zuletzt auch, weil sich Arbeit proportional zur Zeit ausdehnt.

> vgl. Abschnitt 2.2

Ist das Meeting also erst einmal auf 60 Minuten angelegt, wird es auch so lange dauern. Ein Ansatz, den bereits zwei Unternehmen, mit denen ich zusammenarbeiten durfte, sehr erfolgreich verfolgt haben, ist, die Standard-Meeting-Zeit mal zu reduzieren. Outlook schlägt in diesen Unternehmen jetzt standardmäßig 40 statt 60 Minuten für ein Meeting vor. Der Vorteil ist, dass die reduzierten Meeting-Zeiten den sonst vorherrschenden Meeting-Marathon, wie ihn viele im Remote-Kontext wahrnehmen, etwas unterbrechen. Mit der zusätzlichen Vorgabe, dass Meetings immer zur vollen oder halben Stunde starten, bleiben auf diese Weise mindestens noch 20 Minuten Zeit, um sich auf das nächste Meeting vorzubereiten, sich ein Glas Wasser zu holen, einen Anruf zu tätigen oder Ähnliches. Natürlich kann die verkürzte Meeting-Zeit dazu führen, dass sich Teams häufiger treffen müssen. Das ist und bleibt letztendlich Abwägungssache. Hier geht es primär um den Punkt, die Meeting-Zeiten, und damit eine Struktur, die sich bei vielen so eingespielt hat, kritisch zu hinterfragen und gegebenenfalls durch eine neue zu ersetzen.

Ein Hinweis zum Abschluss dieses Abschnitts: Die aufgeführten Aspekte sollten nicht als trivial hingenommen werden. Wenn Ihnen ein Gedanke wie „Ach, das klappt schon" beim Lesen dieser Punkte gekommen ist, machen Sie unbedingt einmal

Folgendes: Gehen Sie gezielt auf Ihre einzelnen Mitarbeitenden zu und fragen Sie diese nach ihren Vorstellungen zu den oben genannten Punkten. Haben alle in Ihrem Team, Sie inklusive, die gleichen Vorstellungen? Ich stelle diese Frage, da verschiedene Teamworkshops in der letzten Zeit gezeigt haben, dass genau das häufig nicht der Fall ist. Auch wenn die Führungskraft zu Beginn glaubte, dass in allen Punkten Klarheit herrschte, zeigten sich in den Reihen der Mitarbeitenden durchaus einige Fragezeichen oder unterschiedliche Ansichten. Hier ist das Konfliktpotenzial vorprogrammiert.

Insgesamt empfiehlt es sich, die verschiedenen Aspekte an einen Teamworkshop zu adressieren, um gemeinsam jeweils regelnde Absprachen und Vereinbarungen herauszuarbeiten. Das schafft weitreichende Klarheit und Commitment.

Geben Sie Zeit und Raum für Nichtfachliches
Auch für den informellen, nicht fachlichen Austausch unter Kolleginnen und Kollegen braucht es regelnde Strukturen im virtuellen Raum. Wie in Abschnitt 2.2 ausführlich dargelegt, kommt dieser ansonsten zu kurz und das hat beachtliche Konsequenzen für die Motivation und den Zusammenhalt des Teams.

Ich möchte hier nun einige konkrete Beispiele mit Ihnen teilen, die sich aus unserer Zusammenarbeit mit Führungskräften ergeben haben und die allesamt zum Ziel haben, den nicht fachlichen Austausch im Remote-Team aufrechtzuerhalten. Vorweggenommen sei an dieser Stelle aber auch, dass es hier nicht die „One size fits all"-Lösung für sämtliche Teams gibt. Schauen Sie, was zu Ihrem Team passen könnte, probieren Sie es für eine gewisse Zeit gemeinsam aus, reflektieren Sie den Mehrwert und entwickeln Sie eine Idee gegebenenfalls kreativ weiter.

Bedenken Sie auch, dass sich der Bedarf mit der Zeit ändern kann. Wichtig hierbei ist, dass die Möglichkeit, die Sie schaffen, um den nicht fachlichen Austausch zu fördern, von Ihren Mitarbeitenden oder Kolleginnen und Kollegen nicht als zusätzliche Belastung empfunden wird, denn dann hat das Ganze seinen Zweck verfehlt. Zudem ist es bei all diesen Dingen wichtig, dass Sie Ihren Mitarbeitenden die Maßnahmen nicht einfach vorsetzen, sondern dass Sie sie von Beginn an in die Einführung und Ausgestaltung miteinbeziehen.

Abbildung 3: Übersicht über die Ideen zur Förderung des nicht fachlichen Austauschs.

Check-In

Beginnen Sie Ihre Meetings regelmäßig mit einem Check-In, bei dem alle anwesenden Mitarbeitenden mindestens einmal zu Wort kommen und von den Kolleginnen und Kollegen wahrgenommen werden. Schaffen Sie hierfür bewusst Raum und Zeit, bevor Sie in die fachlichen Themen einsteigen. Formulieren Sie für den Check-In eine ganz konkrete Frage, auf die Ihre Mitarbeitenden mehr als nur ein „Ja" oder ein „Gut" antworten müssen. Die Frage „Wie geht es mir heute?" lässt sich beispielsweise prima durch den Beisatz „...und wenn ich heute ein Tier wäre, welches wäre ich gerade in diesem Moment? Und warum?" ergänzen.

Alternativ können Sie auch nach Songtiteln, Kinofilmen oder Streaming-Serien fragen, die das aktuelle Wohlbefinden der Mitarbeitenden gerade am besten beschreiben. Das fördert Kreativität und Austausch und erzeugt eben mehr als nur die typischen Standardantworten. Stellen Sie die Check-Ins immer wieder unter ein neues Motto. Machen Sie den Donnerstag zum Beispiel zu einem Dankbarkeitsdonnerstag und fragen Sie Ihre Teammitglieder, wofür Sie heute ganz besonders dankbar sind: Vielleicht für den guten Kaffee am Morgen oder für die Unterstützung durch eine Kollegin bzw. einen Kollegen? Am Freitag können Sie gut nach den Plänen für das bevorstehende Wochenende fragen und am Dienstag vielleicht danach, was es heute zum Mittagessen gibt. – Das sind nur ein paar Beispiele. Sie sehen, dass der Kreativität hier keine Grenzen gesetzt sind.

Offene Bürotür

Eine offene Bürotür lässt sich im Remote-Kontext wie folgt realisieren: Richten Sie sich über die bei Ihnen gängige Videoplattform einen virtuellen Raum ein, der immer oder realistischerweise zu bestimmten Zeiten für Ihre Mitarbeitenden frei zugänglich ist. Kommunizieren Sie den Link und die Zeiten, zu denen der Raum täglich jeweils offen steht, an Ihre Mitarbeitenden. Laden Sie diese ein, auch einfach mal so vorbeizuschauen. Ob Ihre Mitarbeitenden Letzteres tun, wird sich zeigen. In jedem Fall haben Sie Raum und Möglichkeit geschaffen, dass man Sie auf einfachem Wege aufsuchen bzw. antreffen kann. Zu den kommunizierten Zeiten können Sie es wie folgt handhaben: Den Raum haben Sie im Hintergrund geöffnet und solange ihn keine weiteren Beschäftigten betreten, können Sie im Vordergrund an anderen Themen arbeiten, beispielsweise an Ihren E-Mails. Tritt eine Person ein, werden Sie über ein Signal oder Hinweis darüber informiert und können sich dann sofort dieser Person zuwenden.

Offener Pausenraum

Eine Abwandlung der offenen Bürotür ist der offene Pausenraum, den ich ebenfalls in der Zusammenarbeit mit Führungskräften kennenlernen durfte. Es handelt sich auch hierbei um einen virtuellen Raum, der allen Mitarbeitenden im gesamten Unternehmen bekannt ist und der zu bestimmten Zeiten rund um die Mittagszeit geöffnet ist. Alle Mitarbeitenden, die Pause machen und dabei Kontakte pflegen möchten, können sich entsprechend einloggen und hier mit hoher Wahrscheinlichkeit auf verschiedene Kolleginnen und Kollegen treffen – und das zumeist zufällig. Damit so etwas von den Mitarbeitenden angenommen wird, braucht es Sie als Führungskraft, die ihre Mitarbeitenden überzeugt bzw. ermutigt, solche Angebote wahrzunehmen, und selbst als gutes Vorbild vorangeht.

Maßnahmen wie der offene Pausenraum eignen sich insbesondere dann, wenn ein überwiegender Teil der Beschäftigten eines Unternehmens remote arbeitet. Sie stiften auch dahin gehend einen Mehrwert, damit der Austausch über die Teams hinweg aufrechterhalten bleibt. Arbeiten nur einzelne Mitarbeitende remote, wird das natürlich nicht funktionieren. In einem solchen Fall sind andere Maßnahmen wie der Check-In oder auch das Buddy-System (s. u.) angemessener und zielführender.

> vg.
Abschnitt
2.2

Virtuelle Kaffeepause
Anstelle einer gemeinsamen Mittagspause greifen viele Remote-Teams eher auf eine gemeinsame, virtuelle Kaffeepause zurück. Insbesondere während der Lockdown-Zeiten der Cornapandemie haben viele Teams die virtuelle Kaffeepause für sich entdeckt. Man könnte auch sagen, dass die virtuelle Kaffeepause in dieser Zeit einen regelrechten Boom erfahren hat. Ziel der virtuellen Kaffeepause ist es ebenfalls, bewusst Raum zu schaffen, um eine Pause zu machen und dabei Kontakte zu pflegen. Die virtuelle Kaffeepause soll einen strukturierten Ersatz für die zufälligen und bekannterweise wertvollen Begegnungen in der Kaffeeküche bieten. Im Wesentlichen

handelt es sich hierbei um ein terminiertes Video-gespräch mit den Kolleginnen und Kollegen, in dem es sich jedoch ganz bewusst nicht um fachliche Themen drehen soll.

Der Ausgestaltung der virtuellen Kaffeepause sind dabei keine Grenzen gesetzt. Ich erinnere mich noch an die Zusammenarbeit mit einem Team, das die Kaffee-pause stets unter ein bestimmtes Motto gesetzt hat. „Meine Streaming-Empfehlungen" oder „Wer hat die schönste Kaffeetasse?" sind zwei Beispiele, die mir noch gut in Erinnerung geblieben sind und die zu unterhaltsamen Diskussionen geführt haben.

Es braucht nicht unbedingt ein Motto. Wichtig ist jedoch, dass nicht ausschließlich Sie als Führungs-kraft zu der Kaffeepause einladen und diese organi-sieren, sondern dass die Verantwortung hierfür im Team rotiert. Das sorgt zum einen dafür, dass die Mitarbeitenden diesen Termin nicht als Pflicht-termin wahrnehmen, weil schließlich Sie dazu eingeladen haben. Zum anderen steigert es das Engagement der Mitarbeitenden und lässt die Kaffee-pause nach und nach genau zu dem werden, was das Team braucht.

Auch die Regelmäßigkeit, mit der diese Kaffeepause stattfindet, kann variieren: einmal wöchentlich oder einmal monatlich. Auch das hängt von dem Bedarf des Teams ab und kann sich wie oben beschrieben mit der Zeit durchaus verändern.

Sportliche Mittagspause

Die Kaffeepause wurde von einem Team, mit dem ich zusammenarbeiten durfte, in eine Sportpause verwandelt. Ziel war es, gemeinsam eine halbe Stunde Bewegung in den Arbeitsalltag zu integrieren. Die Kolleginnen und Kollegen haben abwechselnd diese Sportpause vorbereitet, mal gab es Yogaübungen, mal ein ausgewähltes YouTube-Stretch-Video und mal einen gemeinsamen Spaziergang. Ein weiteres Beispiel für eine Idee, die sicherlich nicht bei allen Teams auf Begeisterung stößt, für dieses Team aber genau das Richtige war, um Motivation, Zusammenhalt und zudem auch Gesundheit gemeinsam hochzuhalten.

Virtuelles Feierabendbier

Hierbei handelt es sich ebenfalls um eine Alternative zur virtuellen Kaffeepause. Es wird von Teams meist am Donnertag- oder Freitagnachmittag durchgeführt, also eher zum Ende der Woche hin. Ziel ist es, gemeinsam in den Feierabend zu starten und gemeinsam Abstand von den fachlichen Themen zu nehmen.

Zufällige Anrufe

Planen Sie in der Woche feste Zeiten ein, in der Sie zum Hörer greifen und eine Mitarbeiterin, einen Mitarbeiter, eine Kollegin oder einen Kollegen anrufen, mit der oder dem Sie schon länger keinen Kontakt mehr hatten. Rufen Sie an und erkundigen Sie sich danach, wie es dieser Person geht und was es Neues gibt. Kommen Sie ins Gespräch – und das einfach so, ohne konkreten fachlichen Anlass. Wenn Sie damit gute Erfahrung machen, dann ermutigen Sie Ihre

Mitarbeitenden, ebenfalls mindestens einen dieser „zufälligen" Anrufe pro Woche zu tätigen, gegebenenfalls auch über die Grenzen des eigenen Teams hinaus. Das wirkt zumindest in kleinem Maß, der Silo-Bildung entgegen, die Führungskräfte als Resultat von Remote-Arbeit zunehmend wahrnehmen.

> vgl. Abschnitt 2.2

Chat-Gruppen

Richten Sie zum Beispiel auf WhatsApp, Wire oder Slack eine oder verschiedene Gruppen für den nicht fachlichen Austausch ein. Die Themen der Gruppen sollten sich dabei an den Interessen Ihrer Mitarbeitenden orientieren. Vielleicht gibt es neben einer allgemeinen „Just for fun"-Gruppe, in der lustige Kurzvideos oder Bilder geteilt werden können, eine „Schnelle Rezepte für das Homeoffice"- oder eine „Fit durch den Winter"-Gruppe, in der Tipps und Erfolgsgeschichten zu einer gesunden Lebensweise ausgetauscht werden können. Der Beitritt zu diesen Gruppen kann interessengeleitet erfolgen und ist in jedem Falle freiwillig. Wichtig ist, dass Sie als Führungskraft als Vorbild agieren und Dinge teilen, denn das ermutigt Ihre Mitarbeitenden dazu, ebenfalls einzusteigen. Es signalisiert, dass der Austausch hier durchaus erwünscht ist.

Buddy-Systeme

Insbesondere dann, wenn nur einzelne Mitarbeitende remote arbeiten, ist das Buddy-System eine gute Maßnahme, um den Austausch und Zusammenhalt im Team trotz räumlicher Trennung aufrechtzuerhalten. Die Idee hierbei ist, dass Sie Ihren Remote-

Mitarbeitenden jeweils für eine bestimmte Zeit eine Kollegin oder einen Kollegen, die oder der aus dem Unternehmensbüro arbeitet, als sogenannten Buddy zur Seite stellen. Aufgabe des Buddys kann es sein, die remote arbeitende Kollegin bzw. den Kollegen sowohl über fachliche als auch insbesondere über nicht fachliche Themen auf dem Laufenden zu halten und regelmäßig zu kontaktieren. Nach einer gewissen Zeit variieren die Buddys, um maximalen Austausch und Vernetzung zu ermöglichen. Buddy-Systeme funktionieren natürlich auch teamübergreifend. Es empfiehlt sich, zu Beginn eine klare Struktur vorzugeben.

Virtuelle Verkostungen

Über das hinaus, was sich in den Alltag integrieren lässt, gibt es mittlerweile viele Möglichkeiten, um das Team gelegentlich auch außerhalb der Arbeitszeiten zusammenzubringen und den Austausch zu fördern. Die virtuelle Weinprobe ist ein Beispiel. Hier kommen Kolleginnen und Kollegen über eine Meeting-Plattform zusammen und verkosten, angeleitet durch einen Sommelier, einige ausgewählte Weine, die ihnen im Vorfeld zugesandt wurden. Anschließend können sich die teilnehmenden Kolleginnen und Kollegen zum Beispiel in Kleingruppen zu den Weinen, aber auch zu anderen Themen austauschen. Das Ganze findet natürlich außerhalb der Arbeitszeit statt, fördert den nicht fachlichen Austausch aber stark – und das nicht nur, weil Alkohol im Spiel ist. Eine Alternative zur virtuellen Weinprobe ist der virtuelle Escape-Room. Auch hier kommen die Kolleginnen und Kollegen über eine Meeting-Plattform zusammen, um gemeinsam verschiedene Rätsel zu lösen. Das ist ebenfalls eine gute Möglichkeit, um die Kolleginnen und Kollegen außerhalb der eigentlichen Arbeiten und der Fachlichkeit zusammenzubringen.

Führen Sie gesunde Alltagsroutinen ein

Ein Hinweis vorab: Die Punkte in diesem Abschnitt werden speziell dann relevant, wenn die Remote-Arbeitenden von zu Hause arbeiten, und weniger, wenn sie in einem Unternehmensbüro an einem anderen Standort sitzen.

Wie eingangs dargelegt, ist einer der am häufigsten genannten Vorteile der Arbeit im Homeoffice die größere Flexibilität, die Beschäftigte in der Ausgestaltung ihres Arbeitstages haben. Zudem ist es bequem, das Haus am frühen Morgen nicht mehr bei Wind und Wetter verlassen zu müssen, sondern quasi direkt aus dem Bett an den Schreibtisch zu fallen. Auch die bequeme Jogginghose muss nicht mehr ausgezogen werden. Was zunächst gar nicht so schlecht klingt, ist längerfristig gesehen jedoch die Hauptursache für erhöhte Ermüdungs- und Erschöpfungserscheinungen, über die Remote-Arbeitende immer wieder berichten (vgl. WIdO, 2019). Die Grenzen zwischen Arbeits- und Erholungsphasen verschwimmen. Gegebenheiten wie der Weg zur Arbeit oder auch das Betreten des Unternehmensgebäudes, die unserem Gehirn die nötige Zeit geben, wach zu werden und in den Arbeitsmodus zu kommen, entfallen. Gleiches gilt für äußere Gegebenheiten: Feste Ausgabezeiten der Kantine, Verabredungen mit den Kolleginnen und Kollegen oder die Abfahrtzeiten der Straßenbahn erinnern uns daran, eine Pause oder rechtzeitig Feierabend zu machen, und verhindern damit, dass unser Gehirn früher oder später überhitzt.

> vgl. Abschnitt 2.2

Wenn die äußeren handlungsleitenden Strukturen auf dieser Ebene entfallen, erfordert dies zunächst ein hohes Maß an Selbstführung. Das wiederum bedeutet, sich selbst neue Regeln und Grenzen zu setzen und sich diszipliniert daran zu halten. Es bedeutet, diese so lange zu befolgen, bis wir sie verinnerlicht haben – bis also aus äußeren Strukturen neue Gewohnheiten bzw. Routinen geworden sind.

> vgl. Abschnitt 3.1.1 Straßen-verkehr-Metapher

Routinen oder auch Gewohnheiten sind Verhaltensmuster, die wir verinnerlicht und automatisiert haben. Sie sind Teil unseres Alltags geworden und laufen ab, ohne dass wir überhaupt darüber nachdenken. Dies gilt gleichermaßen für ungesunde Routinen (z. B. der Griff zum Handy direkt nach dem Aufwachen, der nachweislich Stress erzeugt) wie auch für gesunde Routinen. Gesunde Routinen fördern Produktivität und bewahren uns in stressigen Zeiten davor, ungesund zu leben. Ein Beispiel: Wer sich am Morgen bereits ein wenig Obst verzehrfertig zubereitet und sich dieses zusammen mit ein paar Nüssen in Griffweite bereitstellt, kann das Energielevel am Vormittag leichter hochhalten und vermeidet zudem den Griff zum Schokoriegel.

Um im Homeoffice langfristig leistungsfähig zu bleiben, braucht es gesunde Alltagsroutinen.

Bis ein Verhalten jedoch zu einer Routine geworden ist, erfordert es einiges an Zeit und Anstrengung. Ein Verhalten muss durchschnittlich ca. 66 Tage lang bewusst ausgeführt werden, bis es schließlich zu einer verinnerlichten und automatisierten Gewohnheit, sprich, zu einer Routine geworden ist. Das zeigen bekannte Untersuchungen von Phillippa Lally und ihrem Team vom University College London (Lally et al., 2009). Dabei ist die Gefahr groß, zuvor bereits wieder in alte automatisierte Gewohnheiten zurückzufallen.

Los gehts – Beginnen Sie bei sich selbst

Wenn Sie es noch nicht getan haben, dann ist spätestens jetzt ein guter Zeitpunkt dafür, in den Aufbau gesunder Alltagsroutinen zu investieren. Es folgen im weiteren Verlauf dieses Abschnittes einige konkrete Tipps und Ideen hierzu. Doch auch hier gilt: Es gibt nicht die „One size fits all"-Lösung Vielmehr müssen Sie ganz individuell für sich herausfinden, was Ihnen guttut, sprich, was Ihnen dabei hilft, fokussiert in den Tag zu starten, produktiv zu bleiben und Ihre Akkus regelmäßig wieder aufzuladen. Beginnen Sie bei sich selbst und unterstützen Sie dann auch Ihre Mitarbeitenden – und nicht andersherum. Warum?

Ich sage es mal in den Worten der eingängigen Sicherheitsbelehrung im Flugzeug: Legen Sie zuerst die eigene Sauerstoffmaske an, bevor Sie Mitreisenden helfen. Denn nur wenn Sie selbst ausreichend Energie haben und ausgeglichen sind, können Sie Ihre Mitarbeitenden langfristig und glaubwürdig unterstützen.

Die Morgenroutine

Haben Sie persönlich eine Morgenroutine? Das heißt, nehmen Sie sich vor Beginn Ihrer Arbeitszeit bewusst Zeit für sich selbst und Ihre physischen oder psychischen Bedürfnisse? Tun Sie sich am Morgen etwas Gutes, um dann positiv und stressfrei in den Tag zu starten? Oder fallen Sie, wie oben bereits beschrieben, vielmehr aus dem Bett direkt an den Schreibtisch?

Das Ziel einer Morgenroutine ist es, positiv und stressfrei in den Tag zu starten. Sie kann nachweislich dabei helfen, den Tag richtig anzugehen, sich zu fokussieren und produktiver zu starten. Ich möchte hierzu ein ganz konkretes Beispiel mit Ihnen teilen. Vielleicht haben Sie bereits eine ähnliche Erfahrung gemacht. Eine Führungskraft, mit der ich schon über längere Zeit zusammenarbeite, erzählte mir Folgendes: „Zu Beginn meiner Homeoffice-Zeit, sagen wir, etwa die ersten ein bis zwei Wochen, empfand ich es als sehr bequem, die ersten Mails bereits aus dem Bett abzuarbeiten. Ich arbeitete am frühen Morgen, also direkt nach dem Aufwachen, gut eine Stunde aus dem Bett heraus, bevor ich mich dann anzog, um meine Arbeit vom Schreibtisch aus fortzusetzen. Mit der Zeit merkte ich aber, dass meine Tage viel unproduktiver geworden sind. Irgendwie komme ich morgens nicht mehr so richtig in die Gänge." Diese Führungskraft war lange Jahre jeden Morgen mit dem Fahrrad zu ihrem Büro im Unternehmensgebäude gefahren. Für die Strecke brauchte sie etwa 20 Minuten. Was hier über längere Zeit entstanden ist, ist eine 20-minütige Morgenroutine.

Frische Luft und etwas Bewegung sind die offensichtlichen Vorteile dieser Routine. Die Führungskraft stellte außerdem fest, dass dieser Fahrtweg auch mental gesehen eine sehr wichtige Zeit für sie war: „Eine achtsame Zeit, in der ich für mich noch einmal durchgehen konnte, was an dem bevorstehenden Tag jeweils anstand, welche Gedanken dazu in mir kreisten und wie ich das Ganze angehen wollte. Diese Zeit fehlt mir jetzt." Die Führungskraft hat sich nach einiger Zeit ein Heimfahrrad zugelegt und setzt sich nun jeden Morgen knapp eine halbe Stunde auf dieses Fahrrad.

Es gibt eine Vielzahl von weiteren alternativen Morgenroutinen. Bei unseren Trainingsteilnehmenden hoch im Kurs stehen jedoch klar: der morgendliche Spaziergang, eine angeleitete Yoga-Sequenz oder Meditation, ein paar Stretching-Übungen am offenen Fenster, das achtsame Lesen der Tageszeitung bei einem guten Kaffee oder ein bewusstes Frühstück. Es ist in jedem Falle wichtig, dass Sie die Morgenroutine an Ihre Bedürfnisse anpassen. Zudem muss eine solche Routine keine Stunden dauern. 10 Minuten reichen häufig schon aus. Richten Sie sich danach, wie viel Zeit Sie haben und was Sie brauchen.

Probieren Sie durchaus verschiedene Dinge aus, um so mit der Zeit festzustellen, was Ihnen wirklich guttut. Seien Sie kreativ, wandeln Sie Ideen ab oder kombinieren Sie diese ganz so, wie es Ihnen zusagt – und das so lange, bis Sie die perfekte Morgenroutine für sich gefunden haben. Dann heißt es dranbleiben, denn die Gefahr, nach ein paar Tagen wieder in den alten Trott zurückzufallen, ist groß. Denken Sie daran:

Bis ein Verhalten zu einer Gewohnheit wird, müssen Sie es an circa 66 Tagen bewusst gezeigt haben.

Und das kann Ihnen helfen dranzubleiben:

Fangen Sie langsam an und bauen Sie Ihre Morgenroutine nach und nach aus. Veränderungen passieren in ersten kleinen Schritten. Wenn Sie hier direkt in die Vollen gehen, ist die Wahrscheinlichkeit groß, dass Sie sich selbst überfordern und bald schon aufgeben.

Suchen Sie sich eine Mitstreiterin oder einen Mitstreiter, denn das schafft Verbindlichkeit. Es ist leicht, sich selbst zu belügen und die Morgenroutine doch nicht so ernst zu nehmen. Wenn Sie aber eine Person haben, mit der Sie die Morgenroutine gemeinsam durchführen, oder wenn Sie sogar in einem kleinen Wettstreit mit ihr liegen, dann kommen Sie schwieriger aus der Nummer heraus.

Berichten Sie von Ihren Erfahrungen, denn das kann nicht nur andere motivieren und anspornen, sondern auch Sie selbst. Positive Rückmeldungen und Rückfragen haben einen bestärkenden Effekt.

Machen Sie keine Ausnahmen, sondern versuchen Sie Ihre Routine jeden Tag beizubehalten oder gegebenenfalls am Wochenende etwas anzupassen. Denn Ausnahmen werden leider schnell zur Regel.

Verzeihen Sie sich, wenn es Ihnen dennoch einmal nicht gelingt, die Routine beizubehalten. Lassen Sie sich nicht entmutigen – morgen ist ein neuer Tag.

Feste Arbeits- und Pausenzeiten

Die Tendenz, dass die Arbeitstage zu Hause länger werden, habe ich eingangs als eine große Herausforderung des Homeoffice beschrieben. Auf Dauer ist dies weder gesund noch leistungsförderlich, sondern vielmehr frustrierend und ermüdend. Wirken Sie dem frühzeitig entgegen, indem Sie für sich klare Start- und Endzeiten definieren, ebenso wie feste Pausenzeiten. Das wird Ihnen helfen, in den Arbeitszeiten bzw. -phasen konzentrierter und effizienter zu arbeiten und Ihre Akkus rechtzeitig wieder aufzuladen. Treffen Sie hier eine Vereinbarung mit sich selbst und halten Sie sich auch daran. Wir sind Weltmeister darin, uns selbst zu betrügen. Doch kaum ist das erste Auge zugedrückt, folgt bald auch schon das zweite zugedrückte Auge und der gute Vorsatz ist schnell hinfällig (s. o.). Eine gesunde Arbeitsroutine kann auf diese Weise nicht entstehen. Doch genau darum geht es hier. Was Ihnen dabei helfen kann, speziell die Pausen- und Endzeiten einzuhalten, sind feste Blöcke im Kalender. Diese verhindern, dass Kolleginnen und Kollegen Ihnen entweder in Ihrer geplanten Mittagspause oder nach Ihrem eigentlichen Feierabend noch einen Termin einstellen, den Sie dann schwer wieder absagen können.

> vgl. Abschnitt 2.2

Zudem ist es wichtig, dass Sie in den terminierten Pausen auch wirklich eine Bildschirmpause machen und ganz bewusst etwas anderes tun. Es ist nicht zielführend, die Pause dafür zu nutzen, schnell noch ein paar E-Mails zu bearbeiten. Das ist Selbstbetrug.

Abwechslung und Bewegungsphasen einplanen

Achten Sie im Homeoffice-Alltag darauf, dass Sie regelmäßig Ihre Sitzposition verändern und regelmäßig aufstehen. Seien Sie vorausschauend dahin gehend, welche Tätigkeiten sich auch im Stehen verrichten lassen. Hierzu braucht es nicht unbedingt einen höhenverstellbaren Schreibtisch. Vielmehr können Sie eines der nächsten Telefonate bewusst im Stehen führen. Vielleicht haben Sie auch eine höher gelegte Küchenarbeits-platte oder ein Highboard auf dem sich der Laptop für eine gewisse Zeit gut platzieren lässt, etwa um eines der vielen Video-Meetings im Stehen zu absolvieren. Letzteres schließt direkt auch einen Ortswechsel ein, der für unsere Konzentration und Kreativität sehr förderlich sein kann. Bauen Sie solche Ortswechsel gerne regelmäßig und bewusst in Ihren Homeoffice-Alltag ein, um auch flexibel im Kopf zu bleiben.

Im Austausch mit einer Führungskraft durfte ich in dem Zusammenhang auch das „Walking-Meeting" kennenlernen. Dieses war aus der Tatsache heraus geboren, dass das gesamte Team einschließlich der Führungskraft einen deutlichen Bewegungsmangel im Homeoffice beklagte. Die Führungskraft begann, wann immer möglich, bestimmte Meetings als Walking-Meeting aufzusetzen. Das bedeutet, dass es in dem Meeting nicht erforderlich war, am Laptop zu sitzen und gemeinsam auf Folien zu schauen, sondern dass es vielmehr sehr erwünscht war, sich telefonisch zuzuschalten und dabei eine Runde spazieren zu gehen. Dieses Format eignet sich natürlich keineswegs für alle Meetings. Die Führungskraft selbst nutzt es weiterhin gerne für One-to-Ones mit ihren Mitarbeitenden. Von den Mitarbeitenden wurde diese Idee nach einer gewissen Zeit übernommen. Und so planen sie auch ihre Meetings untereinander gelegentlich als Walking-Meeting.

Eine alte Daumenregel, die besagt, wie häufig wir aufstehen und uns bewegen sollten, ist die 40-15-5-Regel. Sie teilt jede Arbeitsstunde in drei Abschnitte ein: 40 Minuten sitzen, 15 Minuten stehen und 5 Minuten bewegen. Wenn Sie sich an diese Regel halten, dann reduziert sich die Zeit, in der Sie sitzen, am Tag schnell um ein Drittel. Und das ist bereits gesundheitsförderlich: Es beugt Verspannungen sowie daraus folgende Kopfschmerzen vor. Zudem fördert es die Kreativität und die Leistungsfähigkeit. Sie kennen das bestimmt: Sie starren minuten- oder gar stundenlang auf ein Problem und Ihnen mag einfach keine Lösung einfallen. Dann stehen Sie auf, um sich ein Glas Wasser zu holen, und direkt kommt Ihnen die Idee.

Kurze Bewegungspausen bringen
neue Ideen sowie neuen Elan.

Bis die 40-15-5-Regel zu einer Routine wird, also quasi in Fleisch und Blut übergeht, braucht es zu Beginn äußere Erinnerungen. Einige Führungskräfte arbeiten in dem Zusammenhang mit Time-Boxing-Apps, die Sie regelmäßig daran erinnern, dass es nun Zeit ist, aufzustehen oder sich zu bewegen. Auch der gute alte (Handy-)Wecker kann hier zum Einsatz kommen. In jedem Falle braucht es insbesondere zu Beginn regelmäßige Erinnerungen von außen. Die Meeting-Zeiten ganz allgemein auf eine maximale Dauer von 40 statt 60 Minuten zu begrenzen, kann hier ebenfalls einen wertvollen Beitrag liefern.

Fest eingerichteter Arbeitsplatz

Wenn wir über leistungsförderliche Strukturen im Homeoffice sprechen, dann gehört ein fest eingerichteter Arbeitsplatz definitiv dazu. Dies widerspricht keineswegs dem zuvor genannten Punkt, dass ein gelegentlicher Ortswechsel kreativitätsförderlich sein kann. Dennoch braucht es einen Ort, den unser Gehirn eindeutig mit „Arbeiten" verknüpfen kann. Wir arbeiten schließlich in den vier Wänden, die unser Gehirn eigentlich mit „Erholung" und „Freizeit" verknüpft hat. Ja, unser Gehirn funktioniert so assoziativ, indem es bestimmte Orte mit bestimmten Erinnerungen, Gefühlen oder Tätigkeiten verknüpft. Kein Wunder, dass uns in den eigenen vier Wänden immer auch andere Ideen dazu kommen, was wir jetzt tun könnten. Auch so etwas wie mal eben schnell die Waschmaschine anstellen. Ablenkungen lauern überall. Ein fest eingerichteter Arbeitsplatz kann in jedem Fall helfen, in den eigenen vier Wänden fokussierter zu arbeiten.

Vielleicht entwickeln Sie es auch zu einer Routine, den Arbeitsplatz am Abend stets gänzlich leer zu räumen, um ihn am nächsten Tag wieder herzurichten. Auch das kann ein gutes Signal für das Gehirn sein, um ihm anzuzeigen, in welchem Modus wir uns nun befinden. Es schafft klare Grenzen.

To-do-Listen oder Tagespläne

Wenn wir über Selbstführung sprechen, sind To-do-Listen oder Tagespläne wichtige Hilfsmittel. Sie können Ihnen zum einen dabei helfen, sich selbst zu strukturieren und dabei auch festzulegen, wie viel Zeit Sie sich für jede Aufgabe geben wollen (vgl. Time-Boxing).

Zum anderen bieten Ihnen diese Listen rückblickend auch eine gute Übersicht darüber, was Sie an einem Tag bereits alles geschafft haben. Das kann einen motivierenden Effekt haben – insbesondere dann, wenn Sie einzelne Punkte abhaken. Das Gefühl, etwas geschafft bzw. erledigt zu haben, löst im Gehirn dieselben Botenstoffe aus wie ein Stück Schokolade oder ein gutes Glas Rotwein und schafft dadurch das Gefühl von Zufriedenheit.

Auch wenn es darum geht, Ihre Mitarbeitenden in Ihrer Selbstführungskompetenz zu stärken, können To-do-Listen und Tagespläne ein gutes Hilfsmittel sein. Sie schaffen Orientierung und Motivation. Sie fördern ein strukturiertes Vor- und Nachbereiten des Tages, regen die Beschäftigten dazu an, sich Ziele zu setzen und die Erreichung eben dieser am Ende des

Tages kritisch zu reflektieren. Oft genug angewandt, kann sich daraus eine weitere förderliche Routine für den Homeoffice-Alltag entwickeln.

3.1.2 | Kommunikation – Viel hilft wirklich viel

Remote-Führung erfolgt über Kommunikation

Lassen Sie uns annehmen, dass Sie und Ihre Mitarbeitenden alle in demselben Unternehmensgebäude sitzen und von hier Ihre Arbeiten verrichten. Ihre Büros liegen nur einige Meter voneinander entfernt und Sie laufen sich mehrere Male am Tag über den Weg. Sie selbst gehen zum Beispiel mindestens einmal am Tag in die Büros der Mitarbeitenden, beispielsweise um ihnen einen „Guten Morgen" zu wünschen.

In dieser Situation, ohne dass ich sie noch weiter ausführe, bekommen Sie auf unterschiedliche Weise ganz unmittelbar mit, wie die Stimmung einzelner Beschäftigter oder auch die des ganzen Teams ist. Das liegt in gewisser Weise „in der Luft". Sie nehmen schnell wahr, wenn es einem Ihrer Mitarbeitenden, einer Kollegin oder einem Kollegen nicht gutgeht, etwa an dem Klang seines „Guten Morgen" oder an seinem Gesichtsausdruck, und können direkt darauf reagieren. Und auch Ihre Mitarbeitenden nehmen viele Dinge ganz unmittelbar wahr, etwa wie beschäftigt Sie gerade sind, welche Kundinnen und Kunden bei Ihnen auf der Matte standen und was sich daraus für das Team ergibt, aber auch Neuigkeiten, die über den Flurfunk herangetragen werden – und vieles mehr.

> vgl.
Abschnitt
2.2

Anders ist es hingegen, wenn Sie nun remote zusammenarbeiten. Aufgrund der erhöhten physischen Distanz bekommen Sie all diese Dinge nicht mehr unmittelbar mit. Und das gilt sowohl für Sie als auch für Ihre Mitarbeitenden. Unsere Trainingsteilnehmenden sprechen in dem Zusammenhang häufig von „all den Dingen, die man sonst so zwischen den Zeilen wahrnimmt und die einem dann ganz wesentlich dabei helfen, das ein oder andere besser zu verstehen oder einzuordnen."

Im Remote-Kontext besteht also die Gefahr, dass einige relevante Dinge auf der Strecke bleiben – es sei denn, sie werden explizit kommuniziert.

All das, was Sie oder Ihre Mitarbeitenden aufgrund der physischen Distanz nicht mehr unmittelbar wahrnehmen, muss bewusst angesprochen, erfragt oder explizit mitgeteilt werden. Infolgedessen erfordern erfolgreiches Zusammenarbeiten und Führen auf Distanz, dass Sie um ein Vielfaches mehr kommunizieren, als Sie es vor Ort tun würden. Es erfordert, dass Sie sich bewusst Zeit dafür nehmen, mit Ihren Mitarbeitenden in den Dialog zu gehen, um ihnen

Hintergründe und aktuelle Entwicklungen darzulegen, Ziele aufzuzeigen und Rückmeldungen zu geben sowie auch, um die aktuelle Situation und Bedürfnisse Ihrer Mitarbeitenden zu erfahren und zu verstehen.

Erwartungen kommunizieren und Ziele vereinbaren

Hierbei handelt es sich zunächst um zwei klassische Führungsaufgaben, die auch in der Zusammenarbeit vor Ort bereits wichtig sind und scheinbar nie alt werden. Denn Erfahrungen zeigen immer wieder, dass ungeklärte Erwartungen oder unklare Ziele ein Hauptgrund für plötzlich auftretende Unzufriedenheit und Missmut bei Mitarbeitenden ebenso wie bei Führungskräften sind. Fälschlicherweise nehmen Führungskräfte nämlich oftmals an, dass Ihre Mitarbeitenden schon wissen werden, was in bestimmten Situationen zu tun oder wie eine Aufgabe zu erledigen ist. Doch dies ist nicht immer der Fall.

In der Remote-Zusammenarbeit werden diese per se bereits wichtigen Führungsaufgaben nun zum Imperativ. Schicken Sie Ihre Mitarbeitenden nicht einfach ins Homeoffice, sondern klären Sie gemeinsam gegenseitige Erwartungen zwischen Ihnen und dem jeweiligen Mitarbeiter bzw. der jeweiligen Mitarbeiterin sowie innerhalb des Teams. Setzen Sie hierfür gezielt Meetings an, in denen Sie ausschließlich über die gegenseitigen Erwartungen sprechen: One-to-Ones sowie Teammeetings. Halten Sie Ihre Absprachen schriftlich fest und überführen Sie diese zum Beispiel in einen Homeoffice- oder Teamkodex. Das gibt Orientierung und schafft Klarheit.

> vgl. Abschnitt 3.1

Vereinbaren Sie mit Ihren Mitarbeiterinnen und Mitarbeitern zudem in Einzelgesprächen regelmäßig klare Ziele. Greifen Sie hierfür auch auf die herkömmlichen SMART-Kriterien für eine gute Zielformulierung zurück. Auch das schafft Orientierung und fördert zudem nachweislich die Motivation sowie die Leistung Ihrer Mitarbeitenden (z. B. Locke/ Latham, 2002). Die Vereinbarung von Zielen wird im Remote-Kontext vor allem aufgrund von zwei Gegebenheiten noch mal wichtiger, als sie es sonst schon ist. Zum einen gibt es Ihnen als Führungskraft die Möglichkeit, Leistung und Erfolge Ihrer Mitarbeiterinnen und Mitarbeiter besser nachzuhalten, da Sie ansonsten ja kaum mitbekommen, wie sie unterwegs sind. Zum anderen entfallen im Remote-Kontext auch andere externe Faktoren, die Orientierung und Motivation geben, beispielsweise die benachbarten Kolleginnen und Kollegen, die anspornen können.

Hintergründe und aktuelle Entwicklungen erläutern

Damit Ihre Mitarbeitenden Ihnen mit Blick auf Ihre Ziele und Vorhaben erfolgreich folgen, ist es wichtig, dass sie die Hintergründe verstehen. Es ist wichtig, dass sie verstehen, warum zum Beispiel bestimmte Aufgaben oder Ziele relevant sind und warum sie bestimmte Dinge tun müssen. Auch das ist keine neue Führungsaufgabe, aber wieder etwas, was im Remote-Kontext noch wichtiger und unabdingbarer wird. Schließlich bekommen Ihre Mitarbeitenden aus der Distanz weniger bis gar nicht mit, was bei Ihnen oder im Gesamtunternehmen gerade passiert – nicht zuletzt, weil der nicht zu unterschätzende Flurfunk entfällt.

Umso wichtiger ist es, dass Sie Ihre Mitarbeitenden regelmäßig über aktuelle Entwicklungen im Unternehmen und in Ihrem Bereich informieren, damit sie das große Ganze sehen und verstehen können. Das stärkt Nachvollziehbarkeit und Zugehörigkeitsgefühl. Als Plattform hierfür eignen sich zum Beispiel regelmäßige Teammeetings. Aber auch in der Kommunikation von Zielen und Erwartungen (s. o.) sollten Sie stets darauf achten, dass Sie Ihren Mitarbeitenden auch das „Warum" erklären. Das kann die Motivation und Leistungsbereitschaft der Beschäftigten nachweislich deutlich fördern.

Feedback geben

Hierbei handelt es sich um einen weiteren Punkt, der in die Reihe „Immer schon wichtig, aber im Remote-Kontext noch wichtiger" gehört. Denken Sie hierzu noch einmal an die Ergebnisse der Homeoffice-Studie der Universität Stanford (Bloom et al., 2015): Mitarbeitende erfahren im Homeoffice weniger Feedback und weniger Anerkennung für ihre Arbeitsleistung, sowohl von ihren Kolleginnen und Kollegen als auch von ihren Führungskräften, und wollen deshalb zurück ins Büro.

Einfach gesagt, denken Sie daran, Ihren Remote-Mitarbeitenden regelmäßig Feedback zu geben. Das klingt trivial, ist es in puncto Arbeiten auf Distanz aber zumeist nicht. Schließlich bekommen Sie vieles von dem, was Ihre Mitarbeitenden tun, gar nicht unmittelbar mit.

Regelmäßige One-to-Ones

Umso wichtiger ist es, dass Sie zum einen regelmäßige One-to-Ones mit Ihren Mitarbeitenden ansetzen, in denen Sie gezielt über deren Ziele, Leistung und Entwicklung sprechen. Was hier genau „regelmäßig" bedeutet, sprich, wie häufig Sie diese One-to-Ones mit Ihren Mitarbeitenden ansetzen, hängt letztlich von den Bedürfnissen Ihres Teams ab.

Ihr Ziel sollte es aber sein, mindestens ein bis zwei One-to-Ones pro Monat mit allen Mitarbeiterinnen und Mitarbeitern durchzuführen.

Lassen Sie sich in diesen Einzelgesprächen von Ihren Mitarbeitenden erzählen, an welchen Themen sie in den vergangenen Tagen gearbeitet haben, wie sie jeweils vorgegangen sind und zu welchen Ergebnissen das geführt hat. Signalisieren Sie Interesse und Wertschätzung und hören Sie aufmerksam und empathisch zu (s. u.). Versetzen Sie sich in die Perspektive der Mitarbeitenden. Stellen Sie gegebenenfalls konkretisierende Rückfragen: „Wie genau ist es Ihnen gelungen, die Kundin davon zu überzeugen, ...?"

Fragen Sie Ihre Mitarbeitenden dann, ob sie interessiert sind an einem Feedback zu der von ihnen geschilderten Situation. Beginnen Sie mit Ihren positiven Rückmeldungen. Worin können und wollen Sie die einzelnen Mitarbeitenden bestärken?

Geben Sie diesen Punkten ausreichend Raum. Zeigen Sie Wertschätzung für ihre geleistete Arbeit. Wenn Ihnen Mitarbeitende von Schwierigkeiten berichtet haben, dann fragen Sie, ob es ihnen helfen würde, den ein oder anderen Punkt noch mal gemeinsam zu beleuchten. Nehmen Sie in einem solchen Fall auch eine coachende Haltung ein.

Führen Sie Ihre One-to-One-Meetings möglichst mit beidseitig eingeschalteter Kamera, sodass Sie auch die Mimik Ihrer Mitarbeiterinnen und Mitarbeiter wahrnehmen können. Zudem schafft es zusätzliche Nähe und Vertrauen. Wenn wir unsere Gesprächsperson nicht nur hören, sondern auch sehen, erhält unser Gehirn deutlich mehr Hinweisreize. So kann es die Situation schneller und ganzheitlich erfassen.

Nutzen Sie diese One-to-Ones, auch dafür, sich Feedback von Ihren Mitarbeitenden einzuholen. Auch Sie bekommen im Alltag sicherlich wenig Feedback. Fragen Sie konkret nach, was hilfreich für die Mitarbeitenden in Ihrer Zusammenarbeit ist und wo sie Verbesserungspunkte sehen. Signalisieren Sie Offenheit und stellen sie milde Fragen, um Ihre Mitarbeitenden zu ermutigen, auch kritische Punkte zu teilen. Hilfreich sind Fragen wie „Wo können wir noch besser werden?", anstelle von „Was läuft schlecht?". Sehen Sie davon ab, sich zu rechtfertigen, sondern bedanken Sie sich für die offene Rückmeldung, denn nur so fördern Sie eine echte Vertrauens- und Feedback-Kultur. Schauen Sie dann auch, wie Sie das Feedback umsetzen können. Durch das Feedback Ihrer Mitarbeitenden lernen Sie übrigens auch viel über deren Bedürfnisse und Interessen in der Zusammenarbeit (vgl. SCARF-Modell nach David Rock, 2008; s. u.).

Spontane Rückmeldung

Wenn Sie mitbekommen, dass eine Mitarbeiterin oder ein Mitarbeiter zum Beispiel just ein Projekt erfolgreich abgeschlossen, ein Problem gelöst oder eine Kollegin oder einen Kollegen unterstützt hat, dann nutzen Sie das als Anlass, um der Mitarbeiterin bzw. dem Mitarbeiter zu signalisieren, dass Sie sie bzw. ihn und den Einsatz wahrnehmen. Sprechen Sie die Punkte explizit an und aus. Warten Sie damit nicht bis zum nächsten One-to-One, sondern greifen Sie direkt zum Hörer.

Kritische Rückmeldungen

In Trainings höre ich von Führungskräften immer wieder, dass viele Dinge remote eigentlich ganz gut funktionieren, bis es an kritische Situationen und ganz konkret an kritische Rückmeldegespräche geht. Hier besteht sogar die Tendenz, diese hinauszuzögern bis die Mitarbeiterin bzw. der Mitarbeiter in den nächsten Wochen mal wieder ins Unternehmensbüro kommt. Unabhängig davon, dass das in vielen Fällen gar nicht möglich ist, kann dazu auch nicht geraten werden. Vielmehr sollten kritische Rückmeldungen zeitnah gegeben werden, damit die Themen angegangen werden können und Vertrauen aufrechterhalten bleibt.

Kritische Rückmeldegespräche funktionieren auch remote. Die gängigen Feedback-Regeln gelten auch hier: Beziehen Sie sich beispielsweise auf Ihre eigene Wahrnehmung und führen Sie konkrete Beispiele an. Zusätzlich gibt es ein paar Dinge, die Sie beachten sollten, um Ihre kritische Rückmeldung klar und zugleich annehmbar zu vermitteln:

- Kündigen Sie das Gespräch im Vorfeld an, damit Ihre Mitarbeitenden sich entsprechend vorbereiten können. Dazu gehört auch, dass sie sich ein ruhiges und ungestörtes Plätzchen suchen können, denn auch im Homeoffice ist das nicht immer zwangsläufig gegeben. Wenn Sie das Gespräch beginnen, sollten Sie Ihre Mitarbeitenden noch einmal fragen, ob sie gerade frei reden können.

- Stellen Sie sicher, dass auch Sie das Gespräch von einem ruhigen, ungestörten Ort führen und zudem über eine stabile Internetverbindung verfügen. Schalten Sie Ihr E-Mail-Programm und Ihr Telefon aus, um hierdurch entstehende Ablenkungen während des Gespräches zu vermeiden.

- Führen Sie das Gespräch mit beidseitig eingeschalteter Kamera, sodass Sie Ihre eigene und die Mimik Ihrer Mitarbeiterin bzw. Ihres Mitarbeiters sehen und beide Parteien ganzheitlich wahrnehmen können.

- Vor Ort würden Sie Ihren Mitarbeitenden vermutlich ein Glas Wasser oder eine Tasse Kaffee anbieten.

Über die Distanz ist das nicht möglich. Fragen Sie Ihre Mitarbeitenden alternativ, ob sie sich bereits etwas zu trinken bereitgestellt haben oder sich noch etwas holen möchten.

- Blickkontakt lässt sich im virtuellen Raum nicht wirklich herstellen. Geben Sie Ihren Mitarbeitenden aber das Gefühl, dass Sie sie anschauen, indem Sie, wann immer Sie reden, bewusst in die Kamera schauen und nicht auf einen Ihrer Bildschirme. Wenn die Mitarbeiterin bzw. der Mitarbeiter spricht, können Sie Ihren Blick dann auf ihr bzw. sein Videobild richten, um Gestik und Mimik wahrzunehmen.

- Machen Sie vermehrt Sprechpausen und halten Sie Pausen aus. Das ist im virtuellen Raum nicht zuletzt aufgrund von geringen Übertragungsraten und damit einhergehenden Verzögerungen noch wichtiger, um einen echten Dialog zu ermöglichen.

- Stellen Sie mehr Rückfragen, als Sie es sonst eh schon tun würden, um sicherzugehen, dass Ihre Botschaft bei Ihren Mitarbeitenden angekommen ist. Durch die Medien und damit einhergehende Verzögerungen kann es vermehrt zu Missverständnissen kommen, denen es entgegenzuwirken gilt.

- Planen Sie für die Gespräche ausreichend Zeit ein und folgen Sie nicht dem Trugschluss, dass remote alles schneller funktioniert – ganz im Gegenteil:

Rechnen Sie etwa ein Drittel der Zeit hinzu, die Sie für ein Präsenzgespräch ansetzen würden.

- Wenn dem so ist, dann teilen Sie Ihrer Gesprächsperson mit, dass es Ihnen nicht leichtfällt, dieses Gespräch virtuell stattfinden zu lassen. Fügen Sie hinzu, dass es Ihnen wichtig ist und Sie gewillt sind und auch alles daransetzen werden, das Beste daraus zu machen.

- Wenn es um konkrete Dokumente geht, dann teilen Sie diese, um gemeinsam darauf schauen zu können.

- Nehmen Sie später am Tag noch mal Kontakt mit der Gesprächsperson auf. Rufen Sie sie zu einem anderen Thema an. Signalisieren Sie, dass es „weitergeht".

Teammeetings
Planen Sie auch während der Teammeetings immer wieder Zeit für gegenseitige Wertschätzung und Feedback ein. Verkünden und feiern Sie konkrete Erfolge, machen Sie „Shoutouts" oder bedanken Sie sich bei Ihrem Team für bestimmte Leistungen und den Einsatz. Sie können diese Runde auch für das gesamte Team öffnen: Worauf sind Ihre Teammitglieder in dieser Woche stolz? Oder: Wem sind Sie in dieser Woche besonders dankbar? Wem möchten Sie ein positives Feedback geben? – Fördern Sie so die Feedback-Kultur in Ihrem Remote-Team.

Richtiges Zuhören

Dieser Punkt schließt sich unmittelbar an den vorherigen an. Um im Zuge des Video- oder Telefonanrufs zu erfassen, wie es den Mitarbeitenden wirklich geht, braucht es vor allem eins: die Kompetenz, bewusst und richtig zuzuhören.

Bewusstes und richtiges Zuhören ist eine fundamentale Führungskompetenz, nicht nur in der Remote-Zusammenarbeit.

Wenn Sie sich nun fragen, was richtiges Zuhören ist, dann lohnt sich ein Blick auf das Modell der „4 Stufen des Zuhörens" nach Otto Scharmer, das der Wissenschaftler und Dozent in seinem Vortrag „Zuhören ist nicht gleich zuhören" sehr anschaulich darstellt (Scharmer, 2014). Sein Modell verdeutlicht, dass Zuhören nicht gleich Zuhören ist und die Art des Zuhörens das Gelingen der Kommunikation ganz maßgeblich beeinflusst.

Stufe 1: Downloading

Auf dieser Stufe hört die Empfängerin bzw. der Empfänger nur das, was ihr bzw. ihm ohnehin schon bekannt ist und in das eigene Weltbild passt. Das liegt daran, dass die Wahrnehmung dieser Person auf das beschränkt ist, was eh schon bekannt ist. Sie nimmt selektiv wahr und fühlt sich schlussendlich bestärkt in all dem, was sie bereits vermutet bzw. gewusst hat. Das geschieht unbewusst. Es ist die einfachste und am wenigsten anstrengende Art Gehörtes aufzunehmen, ohne sich mit neuen oder widersprüchlichen Informationen auseinandersetzen zu müssen. Diese Stufe des Zuhörens weist auf ein geschlossenes Denksystem hin, die Empfängerin bzw. der Empfänger ist in ihrer bzw. seiner Grundhaltung nicht offen für neue Einsichten und Erkenntnisse. Stattdessen projiziert die Person ihr Weltbild und ihre Ansichten auf das Gegenüber.

Stufe 2: Faktisches Zuhören

Diese Stufe ist dadurch gekennzeichnet, dass die Empfängerin bzw. der Empfänger ein offenes Denksystem hat und infolgedessen beginnt, auf Unterschiedlichkeiten zu achten zwischen dem, was sie bzw. er bisher angenommen oder gewusst hat, und dem, was sie bzw. er gerade vom Gegenüber erfährt. Hier geht es also nicht mehr nur darum, die eigene Sichtweise zu bestätigen, sondern auch darum, zu erkennen, was der eigenen bisherigen Meinung widerspricht.

Stufe 3: Empathisches Zuhören

Diese Stufe ist dadurch gekennzeichnet, dass Zuhören nicht mehr nur rein rational, sondern nun auch emotional erfolgt. Auf dieser Stufe beginnt die Empfängerin bzw. der Empfänger, sich wirklich in die Situation des anderen hineinzuversetzen, Gefühle wahrzunehmen und mitzufühlen. Die Empfängerin bzw. der Empfänger lässt von der eigenen Meinung und Agenda ab, um gänzlich beim Gegenüber zu sein.

Die Person versucht, die Situation aus den Augen des Gegenübers zu sehen bzw. wahrzunehmen. Infolgedessen erwirbt sie nicht nur neue, sachliche Informationen, sondern nimmt ganzheitlich neue Perspektiven ein. Es erfolgt ein Eintauchen in die Erfahrungen des Gegenübers. Eine echte Beziehung entsteht.

Stufe 4: Schöpferisches Zuhören

Auf dieser Stufe eröffnet sich schließlich eine ganz neue Dimension: Die Empfängerin bzw. der Empfänger öffnet sich für Dinge, die noch gar nicht da sind. Die Person öffnet sich und nimmt wahr, was kommen kann und möglich ist. Potenzial wird erkannt und genutzt, indem es mit zukünftigen Möglichkeiten verbunden wird. Eine gute Coaching-Session macht genau das: Echte Veränderungen und Entwicklungsprozesse werden angestoßen.

Wenn Sie also nicht bloß faktisch etwas dazulernen möchten, sondern wirklich erfahren möchten, wie es Ihren Mitarbeitenden in der aktuellen Situation geht oder wie Gegebenheiten wahrgenommen werden, dann ist richtiges Zuhören hier „empathisches Zuhören". Das erfordert von Ihnen, dass Sie sich ausreichend Zeit nehmen und mit voller Aufmerksamkeit bei Ihren Mitarbeitenden und ihren Antworten sind, Rückfragen stellen und wahrgenommene Gefühle spiegeln (wie beispielsweise: „Ich höre, dass dich das gerade verunsichert. Wie hast du die Reaktion der Kundin des Kunden erlebt?"). Es bedeutet, dass Sie Ihre eigenen Ansichten und Meinungen für eine Zeit zur Seite legen bzw. vergessen. Und es bedeutet, dass Sie davon absehen, die Situation vorschnell zu interpretieren, um ebenso schnell Ratschläge zu erteilen (ein Beispiel: „In der Situation war ich auch schon einmal. Mir hat es geholfen, nochmal in den Austausch mit dem Kunden zu gehen. Aber wenn Sie mich fragen, dann ist das in ein paar Wochen auch schon wieder vergessen.").

Wenn Sie wie im letzten Beispiel reagieren, dann werden Sie im weiteren Verlauf des Gesprächs vermutlich nicht viel mehr über die Mitarbeitenden und ihre Bedürfnisse erfahren. Die Wahrscheinlichkeit, dass sie sich weiter öffnen, ist gering. Fragen Sie stattdessen: „Was würde dir jetzt helfen?" oder „Was brauchst du?" Denn auch das gehört zum empathischen Zuhören und wird Ihnen dabei helfen, Situationen und Bedürfnisse noch ganzheitlicher zu erfassen.

Bedürfnisse erkennen und verstehen

Eine im Rahmen unserer Remote-Leadership-Trainings sehr häufig gestellte Frage ist die folgende: „Wie kann ich meine Mitarbeitenden auf Distanz motivieren?" Die Antwort auf diese Frage mag im ersten Moment vielleicht etwas ernüchternd klingen, denn im Kern funktioniert Mitarbeitermotivation auch auf Distanz nach den gleichen, herkömmlichen Grundmechanismen. Auch beim Arbeiten auf Distanz geht es zunächst darum, die Bedürfnisse der jeweiligen Mitarbeitenden zu erkennen bzw. zu verstehen, um dann gezielt darauf eingehen zu können.

Wie die vorausgegangenen Punkte und Ausführungen in diesem Abschnitt gezeigt haben, lassen sich die Bedürfnisse Ihrer Mitarbeitenden im Remote-Kontext weniger einfach unmittelbar im Alltag beobachten. Stattdessen müssen diese noch mal expliziter in Gesprächen und Interaktionen mit Ihren Mitarbeitenden erfasst und empathisch herausgehört werden (s. o.). In beiden Fällen ist es für Sie als Führungskraft jedoch gleichermaßen hilfreich, verschiedene psychologische Grundbedürfnisse zu kennen und benennen zu können, um die eigenen Wahrnehmungen besser ein- und zuordnen zu können. Es ist hilfreich, sich mit einigen Modellen auseinandergesetzt zu haben, um ein Grundverständnis bzw. -bewusstsein für unterschiedliche Bedürfnisse zu haben.

Diese psychologischen Grundbedürfnisse oder umgangssprachlich „Motivatoren" von uns Menschen sind und bleiben im Remote-Kontext dieselben. Hier gibt es keine Unterschiede. Einfacher ausgedrückt:

Was uns Menschen jeweils motiviert bzw. demotiviert, ändert sich im Kern durch die Distanz nicht.

Exemplarisch greife ich in meinen Trainings an dieser Stelle gerne auf das SCARF-Modell von David Rock zurück (Rock, 2008). In seiner Arbeit fasst David Rock diverse Beobachtungen aus seiner Managementpraxis mit wichtigen neurobiologischen Erkenntnissen unserer Zeit zusammen und leitet daraus fünf psychologische Grundbedürfnisse des Menschen ab. Das Akronym SCARF fasst diese fünf elementaren Bedürfnisse zusammen: Status (Status), Certainty (Sicherheit), Autonomy (Autonomie), Relatedness (Verbundenheit) und Fairness (Fairness).

Die Grundidee des SCARF-Modells, die hier nur vereinfacht, also ohne die dahinterliegenden neurologischen Prozesse, dargestellt werden soll, ist: Werden die fünf Grundbedürfnisse erfüllt, sind wir Menschen motiviert und können kooperativ, vertrauensvoll und produktiv miteinander arbeiten. Werden diese Bedürfnisse hingegen durch äußere Umstände oder Vorkommnisse verletzt, stellen sich Gefühle von Demotivation, Abwehr und Verärgerung ein. In einem solchen Zustand ist eine vertrauensvolle Zusammenarbeit nicht möglich.

Es handelt sich hierbei um unbewusste Prozesse. Wie schnell diese Bedürfnisse erfüllt oder verletzt werden, sprich, wie sensibel der Mensch auf die fünf Dimensionen jeweils reagiert, ist dabei sehr individuell.

Status ist die erste der fünf Dimensionen und beschreibt das menschliche Grundbedürfnis, ein wichtiges Mitglied einer Gemeinschaft zu sein. Es beschreibt das Bedürfnis, eine relevante Position oder Stellung in dieser Gemeinschaft zu haben, entsprechend gesehen zu werden und gefragt zu sein.

Der wichtigste Einflussfaktor für den Status ist dabei die Anerkennung bzw. Würdigung der eigenen Leistung oder Kompetenz. Ein regelmäßiges „gut gemacht" kann hier sehr wirksam sein und zugleich auch das einfachste sowie nachhaltigste Mittel, um den Status einer Person zu steigern. Kritische Rückmeldungen hingegen senken den Status. Ein weiterer wichtiger Einflussfaktor für den Status ist das Einbinden in relevante Themen oder Entscheidungen sowie das zeitige Informieren darüber. Der Person auf Augenhöhe zu begegnen und sie in ihrer Expertise anzusprechen, kann hier ebenfalls sehr wirksam sein. Wenn Sie mit diesem Wissen noch einmal auf die Herausforderungen in der Remote-(Zusammen-)

> vgl. Abschnitt 2.2

Arbeit schauen, dann lassen sich hier schnell Ursachen für eine eventuelle Verärgerung oder Demotivation der Remote-Arbeitenden erkennen, zum Beispiel die fehlende Anerkennung, von der Remote-Beschäftigte berichten.

Demnach ist ein erster wichtiger Motivator, Ihren Remote-Mitarbeitenden regelmäßig positive Rückmeldungen zu geben und Wertschätzung für ihre Arbeit zu zeigen, in One-to-Ones wie auch in Teammeetings.

Auch dadurch, dass Sie Ihre Mitarbeitenden regelmäßig und frühzeitig über aktuelle Entwicklungen informieren und in Entscheidungen einbeziehen, können Sie sie auf dieser Dimension positiv ansprechen, sprich, motivieren. Viele der bereits zuvor in diesem Kapitel dargestellten Maßnahmen zahlen ebenfalls positiv in diese Dimension ein, so auch verschiedene Aspekte der Meeting-Gestaltung wie etwa offene Fragerunden oder die rotierende Moderation mit der entsprechenden und damit einhergehenden Verantwortung.

Certainty (Sicherheit) ist die zweite der fünf Dimensionen und beschreibt das menschliche Grundbedürfnis nach Vorhersagbarkeit und Stabilität. Veränderungen, Unsicherheit, Chaos oder fehlende Verlässlichkeit senken das Sicherheitsempfinden hingegen entsprechend.

> vgl.
Abscnitt
2.2

In der Remote-(Zusammen-)Arbeit kann das Sicherheitsempfinden primär durch die eingeschränkte Unmittelbarkeit in der Wahrnehmung gesenkt werden: Die Mitarbeitenden bekommen aus der Distanz weder mit, welche Entwicklungen sich gerade im Unternehmen auftun, noch, welche Konsequenzen sich daraus für sie und ihre Arbeit ergeben könnten. Wenn diese Konsequenzen sich dann irgendwann plötzlich auftun, schränkt das die Lern- und Leistungsmotivation deutlich ein. Auch unklare Erwartungen sowie fehlende Rückmeldungen wirken sich sehr negativ auf das Sicherheitsempfinden aus.

Vor diesem Hintergrund ist es umso wichtiger, dass Sie Ihre Remote-Mitarbeitenden regelmäßig über die Entwicklungen im Unternehmen oder in Ihrem Bereich informieren. Zudem sollten Sie Ihre Erwartungen von Beginn an klar kommunizieren, klare Spiel-

> vgl.
Abschnitt
3.1.1

regeln für die Zusammenarbeit aufstellen und Ihren Mitarbeitenden regelmäßig Rückmeldung geben. Denn das bietet Orientierung, schafft Sicherheit und fördert auf diesem Wege schließlich auch die Motivation.

Autonomy (Autonomie) ist die dritte der fünf Dimensionen und beschreibt das menschliche Grundbedürfnis nach Handlungs- und Entscheidungsspielräumen. Es beschreibt das Bedürfnis, das eigene Umfeld und damit auch die eigene Arbeit gestalten und kontrollieren zu können.

> vgl.
Abschnitt
2.1

> vgl.
Abschnitt
3.1.1

Die Remote-(Zusammen-)Arbeit bietet per se ein hohes Maß an Flexibilität und individuellen Gestaltungsspielräumen, wie eingangs dargelegt. Und hierbei handelt es sich auch genau um den Punkt, den viele Mitarbeitende an der Remote-Arbeit als motivierend empfinden. Damit diese Spielräume jedoch gewährleistet werden können, braucht es klare Regeln und Absprachen in der Zusammenarbeit. Hier kann es für Sie als Führungskraft wichtig sein, den Mitarbeitenden die Hintergründe zu erklären und ihnen entsprechende Vorzüge aufzuzeigen. Erklären Sie ihnen zum Beispiel, wie diese neuen Strukturen eine entsprechende Flexibilität in der Zusammenarbeit überhaupt erst möglich machen. Das kann Demotivation verhindern und Motivation fördern.

Das Führen über Ziele fördert die Autonomie ebenfalls. Micro-Management, wie zum Beispiel in Form von regelmäßigen Kontrollanrufen, hingegen nicht.

Relatedness (Verbundenheit) ist die vierte der fünf Dimensionen und beschreibt das menschliche Grundbedürfnis nach Nähe und Zugehörigkeit zu einer Gruppe.

In Abschnitt 2.2 habe ich beschrieben, dass es eine zentrale Aufgabe der Führungskraft eines vollständig oder zum Teil remote arbeitenden Teams ist, die wahrgenommene Distanz zu reduzieren, um ein echtes Team- bzw. Wirgefühl zu schaffen. In Abschnitt 3.1.2 habe ich verschiedene Maßnahmen angerissen, die hier wirksam sein können. An dieser Stelle möchte ich davon absehen, diese noch mal zu wiederholen. Wichtig ist, zu berücksichtigen, wie sich das Team- bzw. Wirgefühl entsprechend positiv oder negativ auf die individuelle Motivation und folglich auch auf die Leistungsbereitschaft der einzelnen Mitarbeitenden auswirken kann – eben vermittelt über dieses Grundbedürfnis.

Fairness (Fairness) ist schließlich die fünfte und damit letzte der insgesamt fünf Dimensionen und beschreibt das menschliche Grundbedürfnis nach Gerechtigkeit. Gerechtigkeit entsteht vor allem durch Nachvollziehbarkeit. Nachvollziehbarkeit entsteht wiederum durch Transparenz.

Wenn Remote-Mitarbeitende zum Beispiel nicht wissen, was ihre Kolleginnen und Kollegen gerade so tun, und sich bei ihnen das Gefühl entwickelt, dass sie scheinbar die einzigen sind, die bis spät in den Abend hinein noch am Rechner sitzen, eben weil sie von den anderen nichts mitbekommen, dann kann das schnell zu Demotivation und Frustration führen. Würden sie hingegen mit ihren Kolleginnen und Kollegen in ein und demselben Büro sitzen, dann bekämen sie unmittelbar mit, dass diese ebenfalls gut beschäftigt sind und an ebenso fordernden oder nervenzehrenden Aufgaben sitzen. Dass sich die Kolleginnen und Kollegen im Team also weniger unmittelbar wahrnehmen und weniger voneinander mitbekommen, kann das Fairness-Empfinden deutlich reduzieren.

> vgl. Abschnitt 3.1

Vor diesem Hintergrund sollten Sie als Führungskraft regelmäßig Raum und Möglichkeiten schaffen, damit sich Ihre Remote-Mitarbeitenden regelmäßig über ihre aktuellen Aufgaben und Herausforderungen austauschen können. Das schafft Transparenz.

Zudem können auch hier der transparente Umgang mit Informationen, die Mitbestimmung und die aktive Einbeziehung von Mitarbeitenden in den Entscheidungsprozess sehr förderlich sein. Das SCARF-Modell bietet Ihnen verschiedene Ansatzpunkte, um die Motivation und Leistung Ihrer Mitarbeitenden auch über die Distanz nachhaltig hochzuhalten bzw. zu fördern.

Regelmäßige Team-Reviews

Um auch auf Distanz gemeinsam mit- und voneinander zu lernen, empfiehlt es sich, auch mit dem gesamten Team regelmäßig in die Reflexion und den Austausch zu gehen. Schließlich machen alle im Team verschiedene wertvolle Erfahrungen, positive wie negative, die auf Distanz für die anderen jedoch nicht unmittelbar zugänglich sind. Diese Erfahrungen müssen explizit kommuniziert und ausgetauscht werden, damit sie zu Teamerfahrungen werden können und das ganze Team daran wachsen kann. Ein solcher Austausch fördert das gemeinsame Lernen, aber auch den Zusammenhalt im Team. Zudem bietet es für alle im Team eine gute Orientierung in der Frage, wo das Team aktuell steht.

Solche Team-Reviews sollten regelmäßig durchgeführt werden, wobei „regelmäßig" auch in diesem Fall von den konkreten Bedürfnissen des Teams abhängt. Das Minimum sollte hier jedoch einmal pro Monat sein, um einen kontinuierlichen Austausch zu fördern und eine Routine zu entwickeln. Viele Remote-Teams führen solche Reviews einmal wöchentlich durch, etwa zum Ende jeder Woche. Dabei stehen die Reviews jeweils unter einer konkreten Frage oder einem bestimmten Motto. Beispiele aus der Praxis sind „Mein Low- und mein Highlight der letzten Woche" oder „Meine Learnings der Woche".

Darüber hinaus können diese Reviews von Ihnen als Führungskraft auch als Plattform dafür genutzt werden, sich konkret Feedback zu verschiedenen Vorkommnissen, Prozessen oder zu der Zusammenarbeit insgesamt einzuholen – je nachdem, was gerade für Sie relevant ist. Geben Sie Ihrem Team die Plattform, sich zu den jeweiligen Dingen auszutauschen und Meinungen sowie Erfahrungen zu teilen. Achten Sie dabei darauf, dass wirklich sämtliche Teammitglieder zu Wort kommen, indem Sie eine moderierende Haltung einnehmen. Fragen Sie bewusst sowohl nach positiven als auch negativen Punkten. Wechseln Sie aber auch die Rolle und teilen Sie Ihre Meinung und Erfahrung, wo immer das angemessen ist. Leiten Sie aus den zusammengetragenen Punkten anschließend gemeinsame Handlungsbedarfe ab.

Kommunikationstools

Schließlich stellen Sie sich vielleicht auch die Frage, welches Medium bzw. welches Tool Sie nutzen sollten, um effektiv mit Ihrem Team zu kommunizieren. Auch wenn Sie hier selbst Erfahrungen mit Ihrem Team sammeln müssen, zwei Punkte stehen fest: Wenn es um das reine Informieren von Teammitgliedern geht und Sie weder mit großen Rückfragen noch Einwänden rechnen, dann eignet sich sicherlich weiterhin die gute alte E-Mail. Schließlich wollen Sie auch vermeiden, dass Ihr Team durchweg in Videokonferenzen sitzt, und gar nicht mehr zum eigentlichen Arbeiten kommt. Wenn es aber um Abstimmungen oder um kontroverse Diskussionen geht, dann sollten Sie die herkömmliche E-Mail-Kommunikation gezielt durch eine Videokonferenz oder gegebenenfalls auch durch ein Chat-Tool ersetzen. Denn nichts ist nerviger als ein endloses E-Mail-Pingpong und die „Allen antworten"-Funktion.

3.1.3 | Vertrauen –
Schenken und gewinnen

Remote-Führung erfolgt über Vertrauen

Auf den ersten Blick mag dieses Kapitel gegenüber den vorherigen beiden Kapiteln vergleichsweise kurz ausfallen. Der Grund hierfür ist aber keineswegs, dass Vertrauen für eine erfolgreiche Remote-Führung weniger wichtig ist als Struktur und Kommunikation. Nein, das ist es ganz und gar nicht. Der Grund liegt vielmehr darin, dass Vertrauen im Wesentlichen bereits aus vielen der vorherigen Hinweise und Maßnahmen resultieren kann. Wenn Sie zum Beispiel einen regelmäßigen Austausch und eine offene Kommunikation fördern oder wenn Sie durch Regeln und Absprachen einen klaren Rahmen für die Zusammenarbeit schaffen, dann unterstützen Sie hierdurch auch die Entstehung und Aufrechterhaltung einer vertrauensvollen Zusammenarbeit auf Distanz.

> vgl.
Abschnitt
3.1.2
> vgl.
Abschnitt
3.1.1

Was ist Vertrauen und wann ist es wichtig?

„Vertrauen bedeutet, trotz Verwundbarkeit und Unsicherheit zu erwarten, dass andere ihre Freiräume kompetent und verantwortungsvoll nutzen." (Guido Möllering, persönliche Kommunikation, 10. September 2020). Diese knackige Definition von Professor Dr. Guido Möllering, Direktor des Reinhard-Mohn-Instituts für Unternehmensführung an der Universität Witten-Herdecke, bietet einen guten Ausgangspunkt, um sich mit der Bedeutung von Vertrauen in der Remote-Führung auseinanderzusetzen. Die Definition macht deutlich, inwiefern Vertrauen eine gewisse Erwartungshaltung ist, die insbesondere in bestimmten Situationen bzw. unter bestimmten Umständen erforderlich ist – nämlich immer dann, wenn Verwundbarkeit und Unsicherheit gegeben sind.

Wie eingangs dargelegt, bringt das Zusammenarbeiten und folglich auch die Führung auf Distanz per se ein hohes Maß an Unsicherheit mit sich. Dies resultiert aus der eingeschränkten unmittelbaren Wahrnehmung > vgl. Abschnitt 2.2 und Interaktion und gilt sowohl für die Führungskraft als auch für die Mitarbeitenden. Beide, Führungskraft und Mitarbeitende, können nicht sehen, was die jeweils anderen gerade tun. Stattdessen müssen Sie einander darauf vertrauen, dass die jeweils anderen kompetent und verantwortungsvoll agieren.

Gegenseitiges Vertrauen aufbauen und aufrechterhalten

Gegenseitiges Vertrauen ist das Fundament für eine erfolgreiche Interaktion und Zusammenarbeit – insbesondere im Remote-Kontext.

*In seinen Arbeiten zum Thema „Vertrauen"
betont Professor Dr. Guido Möllering, dass „Vertrauen
sowohl Substantiv als auch Verb" ist und
macht damit deutlich, dass Vertrauen
eben nicht einfach gegeben ist.*

(G. Möllering, persönliche Kommunikation, 10. September 2020).

Ebenso kann Vertrauen nicht etwa erzwungen oder eingefordert werden. Vielmehr erfordert es kontinuierliche (Führungs-)Arbeit, um Vertrauen aufzubauen und dann auch aufrechtzuerhalten. Widmen wir uns daher in diesem Abschnitt nun der Frage, was Sie als Führungskraft tun können bzw. wo Sie ansetzen können, um auch auf Distanz eine echte Vertrauensbasis in Ihrem Team zu schaffen und zu fördern.

Den Mitarbeitenden vertrauen

„Vertrauen entsteht durch Vertrauen", hält Professor Dr. Guido Möllering fest, und eben nicht durch Kontrolle und Einschränkung von Freiheiten (Guido Möllering, persönliche Kommunikation, 10. September 2020). Letzteres signalisiert vielmehr Misstrauen, fördert Demotivation und führt langfristig eher zu Leistungseinbußen oder -verlusten in Ihrem Team. Demnach ist es erfolgsentscheidend, dass Sie insbesondere in neuen Teams zum Aufbau gegenseitigen Vertrauens Ihren Mitarbeitenden zunächst einen deutlichen Vertrauensvorschuss entgegenbringen. Das bedeutet, dass Sie Ihren Mitarbeitenden Vertrauen schenken, ohne zu wissen, ob dieses Vertrauen gerechtfertigt ist. Sie lassen ihnen Handlungs- und Entscheidungsspielräume in der Annahme, dass sie diese kompetent und verantwortungsvoll nutzen (vgl. Eingangsdefinition von Prof. Dr. Guido Möllering, 2020) – aber wirklich wissen Sie es letztendlich nicht.

Unter anderem greift hier der sogenannte Pygmalion-Effekt, häufig auch als selbsterfüllende Prophezeiung bezeichnet. Er geht auf ein Feldexperiment von

Robert Rosenthal und Lenore F. Jacobson im Jahr 1965 zur Lehrer-Schüler-Interaktion zurück und beschreibt das psychologische Phänomen, dass eine vorweggenommene Annahme und die daraus resultierende, zum Teil unbewusste Haltung gegenüber einer Person sich derart auf ihr Verhalten und ihre Leistung auswirkt, dass sich die ursprüngliche Annahme schlussendlich bestätigt (Rosenthal/Jacobsen, 1968).

Vor dem Hintergrund verschiedener Diskussionen in der Zusammenarbeit mit Führungskräften zu dem Thema „Vertrauen vs. Kontrolle in der Remote-Führung" möchte ich an dieser Stelle aber auch den folgenden Punkt nicht unberücksichtigt lassen: Ihren Mitarbeitenden Vertrauen entgegenzubringen bedeutet keineswegs, dass Sie deren Leistung nicht länger messen und beurteilen können bzw. sollen.

Vertrauen bedeutet nicht „blindes Vertrauen". Vielmehr tragen als Sie Führungskraft weiterhin die Verantwortung für die Leistungserbringung Ihrer Mitarbeitenden.

Die Leistungsmessung und -beurteilung kann in der Remote-Zusammenarbeit jedoch nicht länger anhand von Arbeitszeiten oder einzelnen Aktivitäten der Mitarbeitenden erfolgen, wie es durchaus einige Führungskräfte noch aus der herkömmlichen Zusammenarbeit im Büro gewohnt sind und berichten. Denn neben der Tatsache, dass ein solches Mikro-

Management den Aufbau einer Vertrauenskultur behindert, statt ihn zu befördern, ist es auf Distanz zudem nicht bzw. nur schwer möglich, diese Dinge zu erfassen. Infolgedessen berichten Führungskräfte nicht selten von einem erlebten Kontrollverlust.

Auf der einen Seite müssen Sie also Ihren Mitarbeitenden stärker vertrauen und Ihre Grundhaltung in der Mitarbeiterführung überdenken. Zudem müssen Sie als Führungskraft Ihren Fokus stärker auf die Arbeitsergebnisse Ihrer Mitarbeitenden und nicht auf einzelne Aktivitäten richten. Vor diesem Hintergrund rückt das keineswegs neue Führungstool „Führen mit Zielen" im Remote-Kontext stark in den Vordergrund. Mitarbeitende auf Distanz erfolgreich zu führen, erfordert neben dem oben ausgeführten Vertrauensvorschuss auch eine klare Definition und Delegation von Zielen, anhand derer die Leistungen der Mitarbeitenden gemessen und beurteilt werden können.

Der Führungskraft vertrauen

Es ist wichtig, dass Ihre Mitarbeitenden Ihnen vertrauen und sich mit ihren Fragen, Themen und Anliegen jederzeit vertrauensvoll an Sie wenden. Aber wie lässt sich ein derartiges Vertrauen im Remote-Kontext aufbauen bzw. aufrechterhalten? Was können Sie als Führungskraft konkret tun? Um diese Fragen zu beantworten, benötigen wir zunächst ein gemeinsames Verständnis darüber, was Vertrauen letztendlich ausmacht, sprich, wann wir anderen Menschen überhaupt vertrauen.

Es gibt unterschiedliche Modelle mit zum Teil jedoch großen Schnittmengen, die Antworten auf diese Frage geben. Sie entstammen der Forschung bzw. der Praxis und definieren relevante Komponenten oder sogenannte Treiber von Vertrauen. Ich möchte an dieser Stelle das bekannte und häufig zitierte Modell von Roger C. Mayer, James H. Davis und F. David Schormann (1995) heranziehen.

Diesem Modell zufolge beurteilen wir die Vertrauenswürdigkeit eines anderen Menschen jeweils anhand seiner Kompetenz, seiner Benevolenz, sprich, seines Wohlwollens, und seiner Integrität.

Diese drei Komponenten, die ich nachfolgend noch etwas konkreter beleuchten werde, sind damit die wesentlichen Treiber für eine vertrauensvolle (Führungs-)Beziehung. Wenn Sie also das Vertrauen Ihrer Mitarbeitenden in Sie als Führungskraft stärken wollen, dann richten Sie Ihren Fokus auf diese Komponenten. Denn ist eine dieser drei Komponenten nicht gegeben, wird Vertrauen schnell schwinden oder gar nicht erst entstehen.

Kompetenz
Wir vertrauen einem Menschen zunächst dann, wenn wir Zutrauen in seine Kompetenz, sprich, insbesondere in seine Fähigkeiten haben und ihm Wissen, Erfahrung und ein gutes Urteilsvermögen zusprechen. Daraus folgt für Sie als Führungskraft:

Zeigen Sie auch Führungskompetenz auf Distanz, indem Sie Verantwortung übernehmen und Ihren Mitarbeitenden Orientierung geben. Geben Sie eine klare Richtung vor, indem Sie Ziele definieren und Entscheidungen treffen. Kommunizieren Sie diese nachvollziehbar, indem Sie auch die Hintergründe erläutern.

> vgl. Abschnitt 3.1.2

Wohlwollen

Ein ausreichendes Zutrauen in die Fähigkeiten eines Menschen ist eine wichtige Voraussetzung dafür, dass wir diesem Menschen vertrauen. Allerdings ist es nicht die einzige Voraussetzung. Und so kann es sein, dass wir, obwohl wir viel Zutrauen in die Fähigkeiten dieses Menschen haben, ihm dennoch nicht vertrauen. Es ist zusätzlich wichtig, dass wir das Gefühl haben bzw. spüren, dass er uns gegenüber gute Absichten hat und es ihm nicht nur um seine eigenen Interessen und Ziele geht, sondern auch um uns und eine gemeinsame Sache. Wir müssen spüren, dass ihm an uns gelegen ist und ihm unsere Interessen und Bedürfnisse folglich nicht egal sind, sondern dass er sie sieht und berücksichtigt.

Ein Mensch muss also gute Absichten verfolgen und empathisch sein, damit wir ihm vertrauen. Dabei beschreibt Empathie die Fähigkeit, sich in die Gedanken- und Gefühlswelt des jeweils anderen Menschen hineinzuversetzen. Auf diese Weise kann man die Dinge aus dessen Perspektive betrachten und sein Verhalten oder seine Emotionen besser nachvollziehen sowie im eigenen Handeln besser berücksichtigen. Die Basis von Empathie ist ein echtes Interesse am Gegenüber und äußert sich durch eine uneingeschränkte Aufmerksamkeit der Person gegenüber.

Daraus folgt für Sie als Führungskraft: Gehen Sie individuell und wohlüberlegt auf jede Mitarbeiterin und jeden Mitarbeiter ein. Nehmen Sie sich ausreichend Zeit, ihnen empathisch zuzuhören, um ihre Bedürfnisse und Interessen zu erkennen (vgl. SCARF). Berücksichtigen Sie diese dann auch in Ihren Ausführungen. Machen Sie dabei, wann immer möglich, deutlich, wie Ihre Mitarbeitenden von einem Vorhaben oder einer Aufgabe profitieren. Hören Sie die Bedenken Ihrer Mitarbeitenden und begegnen Sie ihnen verständnisvoll. Zeigen Sie insbesondere in schwierigen Situationen Verständnis und unterstützen Sie Ihre Mitarbeitenden bedarfsspezifisch. Machen Sie Ihren Mitarbeitenden hiermit deutlich, dass es Ihnen in erster Linie um ihr Wohlbefinden und ihre Zufriedenheit geht.

> vgl. Abschnitt 3.1.2

Diese Hinweise mögen zunächst sehr allgemein klingen. Denken Sie jedoch daran, dass im Remote-Kontext vieles nicht so unmittelbar passiert bzw. gegeben ist, wie es in der Zusammenarbeit vor Ort der Fall ist. Umso wichtiger ist es, dass Sie diesen Punkten explizit nachkommen, d. h. expliziter kommunizieren und explizit Raum für einen echten Austausch schaffen, um Ihren Mitarbeitenden immer wieder zeigen zu können, dass Sie ein echtes Interesse an ihnen und ihrem Wohlbefinden haben.

> vgl. Abschnitt 3.1.1 u. 3.1.2

Integrität

Meint die andere Person, was sie sagt? Tut sie auch, was sie sagt? Hält sie ihre Versprechen? Handelt sie im Einklang mit ihren Werten und Überzeugungen? – Große Vertrauensbrüche oder -verletzungen hängen häufig mit fehlender Integrität zusammen. Daher ist Integrität auch diejenige Komponente, die am häufigsten mit Vertrauen in Verbindung gebracht wird.

Zwei wesentliche Aspekte bzw. Attribute von Integrität sind dabei Authentizität und Standhaftigkeit.
(siehe z. B. Palanski/Yammarino, 2007)

Während Letzteres insbesondere darauf abzielt, dass eine Person auch bei Widerständen ihre eigenen Werte verfolgt und verlässlich zu ihren Worten steht, zielt Ersteres darauf ab, dass sich diese Person aufrichtig und durchausauch verletzlich zeigt.

Daraus folgt für Sie als Führungskraft: Bleiben Sie sich und Ihren Werten treu und teilen Sie diese auch mit dem Team. Machen Sie diese für Ihr Team auch über die Distanz spürbar, indem Sie diese zum Beispiel immer wieder kommunizieren. Richten Sie Ihr Handeln explizit danach aus. Das bietet Orientierung, schafft Klarheit und Nachvollziehbarkeit. Seien Sie zudem ehrlich, persönlich und nahbar, auch auf Distanz, indem Sie zum Beispiel in den Gesprächen mit Ihren Mitarbeitenden durchaus auch etwas von sich und Ihren Herausforderungen erzählen bzw. preisgeben.

Vertrauen im Team

Eine Metaanalyse von Wissenschaftlerinnen und Wissenschaftlern der Westfälische Wilhelms-Universität Münster zu den Effekten virtueller Teamarbeit zeigt, dass es insbesondere in der virtuellen Zusammenarbeit einen signifikanten Zusammenhang zwischen dem Vertrauen der Teammitglieder untereinander und ihrer Leistungsfähigkeit gibt (Breuer et al., 2016).

Viele der in Abschnitt 3.1.1 und 3.1.2 dargestellten Maßnahmen zielen bereits darauf ab, trotz erhöhter physischer Distanz gegenseitiges Vertrauen in der Zusammenarbeit aufzubauen bzw. zu fördern. Sie zielen darauf ab, ein Miteinander zu fördern, das Austausch, gemeinsames Lernen und Innovation im Team ermöglicht. Schlussendlich ist ein solches Miteinander aber auch die Folge einer gemeinsamen Überzeugungshaltung im gesamten Team. Diese lässt sich durch das Konzept der psychologischen Sicherheit beschreiben, auf das ich nun ergänzend eingehen möchte.

Vorab noch ein Hinweis zur begrifflichen Abgrenzung: Während Vertrauen die Überzeugung im Hinblick auf eine andere Person darstellt und damit ein individuelles Konstrukt ist, beschreibt psychologische Sicherheit eine Überzeugung bezüglich der Gruppe (Edmondson, 2003).

Das Konzept der psychologischen Sicherheit wurde in seiner Relevanz federführend von Amy Edmondson,

Professorin für Führung und Management an der Harvard Business School, erforscht. Es beschreibt „die gemeinsame Überzeugung aller Teammitglieder, dass es sicher ist, innerhalb des Teams zwischenmenschliche Risiken einzugehen" (Edmondson, 1999). Anders ausgedrückt bedeutet das, dass niemand im Team Angst davor hat, die eigene Meinung frei zu äußern, sich zu exponieren und zu experimentieren, Fehler zu machen und zu erkennen, Dinge zu hinterfragen und sich mit Bedenken oder kritischen Feedbacks zu Wort zu melden. Niemand im Team hat Angst davor, dass er für ein solches Verhalten von den anderen verurteilt, bestraft oder gedemütigt wird. Die Professorin Amy Edmondson konnte in ihren Forschungsarbeiten mehrfach den Zusammenhang zwischen dieser erkennbaren Offenheit, Risiken einzugehen und Fehler zu berichten, und der Lern- und Leistungsfähigkeit des Teams feststellen (vgl. hierzu auch Goller/Laufer, 2018).

Das Konzept rückte in den vergangenen Jahren infolge einer groß angelegten Studie von Google wieder verstärkt in den Fokus (Rozovsky, 2015). Das Unternehmen wollte in einer ergebnisoffenen Studie herausfinden, was hocheffektive Teams letztlich wirklich von anderen unterscheidet. Die Effektivität eines Teams wurde dabei sowohl anhand der Bewertung durch die Führungskraft als auch mittels des erwirtschafteten Gewinns beurteilt. In der Studie stellte sich heraus, dass es weniger entscheidend ist, WER im Team ist, als vielmehr, WIE die Teammitglieder miteinander interagieren (vgl. hierzu auch Goller/Laufer, 2018). Es beeinflusst also insbesondere die psychologische

Sicherheit, die die Effektivität eines Teams beeinflusst. Der Effekt stellte sich sogar als Voraussetzung für die anderen beeinflussenden Variablen wie Verlässlichkeit, Struktur und Klarheit, Sinnhaftigkeit und Bedeutung der eigenen Arbeit heraus. Zusätzlich zeigte sich, dass psychologische Sicherheit die Fluktuation in den Teams senkte. Auch Diversität stellt sich wesentlich besser in psychologisch sicheren Teams ein.

Kennzeichen von psychologischer Sicherheit

In ihren Arbeiten zur psychologischen Sicherheit stellt Dr. Ina Goller, Professorin für Innovationsmanagement an der Berner Fachhochschule, drei wesentliche Kennzeichen dieses Konzeptes heraus (Ina Goller, persönliche Kommunikation, 24. August 2020): (1) Jedes Teammitglied hat eine Stimme („Voice") und nutzt diese, um (2) die eigenen Gedanken, Meinungen oder Ideen zum Ausdruck zu bringen, ohne dafür negative Folgen befürchten zu müssen. Das heißt, dass sich jedes Teammitglied offen und ehrlich an Diskussionen beteiligt und so sämtliche Gedanken, Meinungen und Ideen auf den Tisch kommen („Jeder spricht"). Zudem (3) werden Fehler offen geteilt („Man redet auch über eigene Fehler").

Relevanz von psychologischer Sicherheit im Remote-Kontext

Psychologische Sicherheit ist insbesondere dort wichtig, wo ein hohes Maß an Ungewissheit und Interdependenz gegeben sind. Aufgrund der physischen Distanz und der infolgedessen zumeist stark eingeschränkten Unmittelbarkeit herrscht in der Remote-Zusammenarbeit zunächst per se ein höheres

> vgl.
Abschnitt
2.2
Maß an Ungewissheit. Dem gilt es entgegenzuwirken, um eine kollektive Lern- und Leistungsbereitschaft aufrechtzuerhalten.

Psychologische Sicherheit fördern

Psychologische Sicherheit ist dabei wie ein Muskel und kann durch ein bewusstes, wiederholtes Verhalten aller Teammitglieder gestärkt werden. Bei entsprechen der Vernachlässigung kann es aber auch schwinden bzw. mit der Zeit abgebaut werden. Psychologische Sicherheit ist demnach keineswegs etwas, was einfach gegeben ist, sondern es muss kontinuierlich gefördert werden. Als Führungskraft können Sie den Aufbau eines psychologisch sicheren Umfeldes auf zwei Ebenen fördern: über Verhalten und über Strukturen.

Auf der Verhaltensebene ist es wichtig, dass Sie als Führungskraft vorangehen und eigene Fehler ansprechen.

Sie müssen ein Vorbild sein und zeigen, dass auch Sie ein fehlbarer Mensch sind.

Machen Sie deutlich, wie Sie aus Ihren Fehlern lernen bzw. was Sie infolgedessen tun werden. Reagieren Sie außerdem offen auf andere Meinungen bzw. fordern sie diese gezielt ein. Fragen Sie in Meetings zum Beispiel: „Welche anderen Punkte können wir noch berücksichtigen?" oder „Welche anderen Ansätze oder Sichtweisen gibt es zu dieser Thematik?", etwa anstelle von „Sind alle einverstanden?" – Während letztere Frage eher ein gewisses Harmoniestreben impliziert und ein Gruppendenken in Ihrem Team fördert, fördern die ersten beiden Fragen eine offene Kultur, in der Mitglieder lernen, Verantwortung zu übernehmen, mitzudenken, kritisch zu hinterfragen und mutig andere Ideen zu äußern bzw. auszuprobieren.

Bestärken Sie unterschiedliche Betrachtungsweisen und kritische Rückfragen explizit, indem Sie den Mehrwert für den Teamerfolg herausstellen. Signalisieren Sie echte Offenheit und Wertschätzung.

> vgl.
Abschnitt
3.2

Diese Punkte sind ganz offensichtlich keineswegs spezifisch für den Remote-Kontext, sondern gelten gleichermaßen auch für die Face-to-Face-Zusammenarbeit „vor Ort" . Allerdings müssen Sie, wie es bei vielen vorherigen Punkten bereits der Fall war, diese hier viel expliziter berücksichtigen und zeigen, sprich, kommunizieren, damit Sie auch aus der Distanz wahrgenommen werden.

> vgl.
Abschnitt
3.1

Zudem lässt sich auch über die Struktur- und Tool-Ebene eine Kultur von psychologischer Sicherheit und eine damit einhergehende Offenheit für Fehler und Feedback fördern. Schaffen Sie als Führungskraft Raum und Möglichkeiten dafür, dass Themen und (Lern-)Erfahrungen geteilt und gemeinsam kritisch beleuchtet werden können. Führen Sie beispielsweise Meeting-Regeln ein, die explizit auch umfassen, dass jedes Teammitglied die gleiche Sprechzeit hat, dass andere Meinungen im Team gefragt sind und entsprechend auch gehört werden. Führen Sie Feedback-Runden ein, in denen sowohl positive als auch kritische Aspekte strukturiert abgefragt werden. Setzen Sie Tools ein, die es Ihnen und Ihrem Team ermöglichen, regelmäßig Meinungen einzuholen bzw. Feedback abzufragen (z. B. Voting-Tools, Feedback-Apps).

Homeoffice
Gekommen,
um zu bleiben

Erfolgreiche Remote-(Zusammen-)Arbeit erfordert klare Strukturen, vermehrte Kommunikation und echtes Vertrauen.

In diese drei Erfolgsfaktoren gilt es frühzeitig zu investieren, um die positiven Aspekte dieser auch in Zukunft gefragten Arbeitsform fruchtbar zu machen, ohne die negativen Aspekte zu übergehen. Sie sind als Führungskraft eines Remote-Teams (oder als einzelnes Remote-Teammitglied) demnach gefragt, förderliche Strukturen zu etablieren und Kommunikation und Vertrauen im Team zu fördern. Dafür können Sie zum Teil auf herkömmliche Führungs-Tools zurückgreifen. Denn wie dieses Buch ebenfalls an mehreren Stellen gezeigt hat, ist Remote-Führung keineswegs etwas grundlegend anderes. Vielmehr erfordert es, dass Sie Ihren Führungsaufgaben viel expliziter und konsequenter nachkommen, da vieles eben nicht mehr unmittelbar gegeben ist oder geschieht. Das erfordert Zeit und Einsatz, weshalb die Remote-Führung, zumindest zu Beginn, häufig als anstrengender und insgesamt intensiver empfunden wird. Die anfänglichen Investitionen zahlen sich aber schnell aus und schaffen die Basis dafür, auch über viele Kilometer hinweg erfolgreich zusammenzuarbeiten und dabei von allen Vorteilen der standortunabhängigen Zusammenarbeit zu profitieren.

> vgl. Abschnitt 2.1

Diese Form der Zusammenarbeit wurde durch die Coronapandemie zweifelsohne stark beschleunigt – und sie wird bleiben. Als Reaktion auf die fortschreitende Globalisierung und die damit einherge-henden Veränderungen auf dieser Welt wird die Remote-Zusammenarbeit auch zukünftig eine sehr gefragte Form der Zusammenarbeit sein. Sicherlich eine komplexe Form, für die Sie aber jetzt bereits bestens gewappnet sind: Sie haben sich mit den Herausforderungen der Remote-Zusammenarbeit auseinandergesetzt, sind sich dieser bewusst und verfügen über das nötige Handwerkszeug, um diesen gezielt frühzeitig zu begegnen. Sie kennen die zent-ralen Erfolgsfaktoren der Remote-Führung, wissen, wie Sie diese in die Praxis umsetzen, um so schließ-lich auch die Vorteile der Remote-Zusammenarbeit maximal zum Tragen kommen zu lassen. Sie kennen Ihre persönlichen Erfolgsstrategien und wissen, was Sie zu einem souveränen Remote-Leader macht. Somit sind Sie nun bestens gerüstet und voller Schwung, Ihre Mitarbeitenden im Homeoffice bewusst und erfolgreich zu führen.

Literaturverzeichnis

A

Alipour, J.-V.; Falck, O.; Schüller, S. (2020). Homeoffice während der Pandemie und die Implikationen für eine Zeit nach der Krise. ifo Schnelldienst, 73 (7), 30–36.

B

Bloom, N.; Liang, J.; Roberts, J.; Ying, Z. J. (2015). Does working from home work? Evidence from a Chinese experiment. The Quarterly Journal of Economics, 130 (1), 165–218.

Bonin, H.; Eichhorst, W.; Kaczynska, J.; Kümmerling, A.; Rinne, U.; Scholten, A.; Steffes, S. (2020). Verbreitung und Auswirkungen von mobiler Arbeit und Homeoffice: Kurzexpertise. Berlin: Bundesministerium für Arbeit und Soziales; Universität Duisburg-Essen Campus Duisburg, Fakultät für Gesellschaftswissenschaften, Institut Arbeit und Qualifikation (IAQ); Zentrum für Europäische Wirtschaftsforschung (ZEW) GmbH; Institute of Labor Economics (IZA).

Breuer, C.; Hüffmeier, J.; Hertel, G. (2016). Does trust matter more in virtual teams? A meta-analysis of trust and team effectiveness considering virtuality and documentation as moderators. Journal of Applied Psychology, 101 (8), 1151.

D

DAK-Gesundheit (2020). Gesundheitsreport 2020. Abgerufen am 08.01.2021, von https://www.dak.de / dak/gesundheit/gesundheitsreport-2020-stress-in-der-modernen-arbeitswelt-2365966.html#/

E

Edmondson, A. (1999).
Psychological safety and learning behavior
in work teams. Administrative Science Quarterly, 44
(2), 350–383.

Edmondson, A. C. (2003).
Speaking up in the operating room:
How team leaders promote learning in
interdisciplinary action teams.
Journal of Management Studies, 40 (6), 1419–1452.

G

GitLab (2020).
The Remote Work Report by GitLab:
The Future of Work is Remote. Abgerufen am
04.02.2021, von https://page.gitlab.com/rs/194-VVC-
221/images/the-remote-work-report-by-gitlab.pdf

Goller, I.; Laufer, T. (2018).
Psychologische Sicherheit in Unternehmen.
Wiesbaden: Springer Gabler Verlag.

H

Hofmann, J.; Piele, A.; Piele, C. (2020).
Arbeiten in der Corona-Pandemie – Auf dem Weg
zum New Normal. Abgerufen am 10.01.2021, von
http://publica.fraunhofer.de/eprints/urn_nbn_
de_0011-n-5934454.pdf

J

Jung, C. G. (1960).
Psychologische Typen. Gesammelte Werke,
sechster Band. Zürich: Rascher Verlag.

K

Kunze, F.; Hampel, K.; Zimmermann, S. (2020).
Homeoffice in der Corona-Krise – Eine nachhaltige
Transformation der Arbeitswelt? Abgerufen am
06.02.2021, von https://www.researchgate.net/
publication/346530107_Homeoffice_in_der_
Corona-Krise_-eine_nachhaltige_Transformation_
der_Arbeitswelt/citation/download

L

Lally, P.; Jaarsveld, C. H. M.; Potts,
H. W. W.; Wardle, J. (2009).
How are habits formed: Modelling habit formation
in the real world. European Journal of Social Psychology, 40, 998–1009.

Lengel, R. H.; Daft, R. L. (1988).
The selection of communication media as an
executive skill. Academy of Management
Perspectives, 2 (3), 709–734.

Locke, E. A.; Latham, G. P. (2002).
Building a practically useful theory of goal setting
and task motivation: A 35-year odyssey. American
Psychologist, 57 (9), 705.

M

Mayer C. R.; Davis J.; Schoorman F. D. (1995).
An Integrative Model of Organizational Trust.
Academy of Management Review, 20 (3), 709–734.

Mark, G., (2008),
The cost of interrupted work: More speed and stress

N

Nagel, K. (2020, 26. September).
Homeoffice als neue Normalität - Mitarbeiter
werden zu digitalen Nomaden. FOCUS-Online.
Abgerufen am 06.02.2021, von https://www.focus.
de/finanzen/service /praesenzkultur-im-buero-ein-
auslaufmodell-homeoffice-als-neue-normalita-
et_id_12219125.html.

P

Palanski, M. E.; Yammarino, F. J. (2007).
Integrity and leadership: Clearing the conceptual
confusion. European Management Journal, 25 (3),
171–184.

Parkinson, C. N. (2001).
Parkinsons Gesetz und andere Studien über die
Verwaltung. Düsseldorf, Berlin: Econ Verlag.

PwC (2020).
Mehr Home, weniger Office. PwC-Studie zu
Corporate Real Estate Management. Abgerufen am
06.02.2021, von https://www.pwc.de/de/real-estate/
pwc-studie-corporate-real-estate-management.pdf

R

Reichwald, R.; Möslein, K.; Sachenbacher,
H.; Englberger, H. (1998).
Telekooperation - verteilte Arbeits- und
Organisationsformen. Berlin: Springer Verlag.

Remdisch, S. (2005).
Führung auf Distanz [Vorlesungsfolien]. Leuphana
Universität Lüneburg. Abgerufen am 03.01.2021, von
https://doczz.net/doc/826397/führung-auf-distanz---
leuphana-universität-lüneburg

Rock, D. (2008).
SCARF: A brain-based model for collaborating with
and influencing others. NeuroLeadership journal,
1 (1), 44–52.

Rosenthal, R.; Jacobson, L. (1968).
Pygmalion in the classroom.
The urban review, 3 (1), 16–20.

Rozovsky, J. (2015).
The five keys to a successful Google team.
Abgerufen am 07.02.2021, von https://rework.
withgoogle.com/blog/ five-keys-to-a-
successful-google-team/

Rupietta, K.; Beckmann, M. (2016).
Arbeit im Homeoffice: Förderung der Arbeitsbereit-
schaft oder Einladung zum Faulenzen?
PERSONALquarterly, 03, 14–19.

Scharmer, C. O. (2014, 16. Dezember).
Zuhören ist nicht gleich hören [Video]. YouTube.
https://www.youtube.com/watch?v=VZ7VTQeJaEo.

S

Stowasser, S.; Altun, U.; Hartmann, V.; Hille, S.; Sandrock, S. (2019).
Gutachten zur Mobilen Arbeit. Düsseldorf: ifaa – Institut für angewandte Arbeitswissenschaft e. V. Abgerufen am 08.02.2021, von https://www.arbeitswissenschaft.net/fileadmin/Downloads/Angebote_und_Produkte/Publikationen/FDP_Gutachten_Mobile_Arbeit_Finale_Version_15.10.2020.pdf

T

Techniker Krankenkasse (2018).
Mobilität in der Arbeitswelt – Datenanalyse und aktuelle Studienlage 2018. Abgerufen am 03.01.2021, von https://www.tk.de/resource/blob/2048574/98bacb6f0900 b95f38e5b9feb723a096/gesundheitsreport-2018-mobilitaet-in-der-arbeitswelt-data.pdf

Techniker Krankenkasse (2020, 11. Mai).
Pausen und Superkompensation. Abgerufen am 16.01.2021, von https://www.tk.de/techniker/magazin/sport/basics/superkompensation-pausen-2007556

W

Wissenschaftliches Institut der AOK (WIdO) und AOK-Bundesverband (2019, 17. September).
Arbeiten im Homeoffice – Höhere Arbeitszufriedenheit, aber stärkere psychische Belastungen [Pressemitteilung zum Fehlzeiten-Report 2019].
https://www.aok-bv.de/imperia/md/aokbv / presse/pressemitteilungen/archiv/fzr2019_pressemitteilung.pdf

Abbildungsverzeichnis